Musikalische Erinnerungen

Camille Saint-Saëns

(Übersetzer: Edwin Gile Rich)

Writat

Diese Ausgabe erschien im Jahr 2024

ISBN: 9789359940656

Herausgegeben von
Writat
E-Mail: info@writat.com

Inhalt

KAPITEL I

ERINNERUNGEN AN MEINE KINDHEIT

Früher wurde mir oft gesagt, ich hätte zwei Mütter, und tatsächlich hatte ich auch zwei – die Mutter, die mir das Leben schenkte, und meine Großtante mütterlicherseits, Charlotte Masson. Letztere entstammte einer alten Anwaltsfamilie namens Gayard, und diese Verwandtschaft macht mich zu einer Nachfahrin von General Delcambre, einem der Helden des Rückzugs aus Russland. Seine Enkelin heiratete Graf Durrieu von der *Académie des Inscriptions et Belles-Lettres* . Meine Großtante wurde 1781 in der Provinz geboren, aber von einer kinderlosen Tante und einem kinderlosen Onkel adoptiert, die sich in Paris niederließen. Er war ein reicher Anwalt, und sie lebten in Saus und Braus.

Meine Großtante war ein frühreifes Kind – sie konnte mit neun Monaten laufen – und sie entwickelte sich zu einer Frau mit scharfem Verstand und brillanten Fähigkeiten. Sie erinnerte sich noch genau an die Bräuche des *Ancien Régime* und erzählte gerne davon, ebenso wie über die Revolution, die Schreckensherrschaft und die Zeit danach. Ihre Familie wurde durch die Revolution ruiniert und das schmächtige, gebrechliche junge Mädchen begann, ihren Lebensunterhalt mit Unterricht in Französisch, auf dem Pianoforte – das Instrument war damals ein Novum – in Gesang, Malen, Sticken und eigentlich in allem, was sie kannte, zu verdienen und in vielem tat sie es nicht. Wenn sie es nicht wusste, lernte sie es an Ort und Stelle, damit sie unterrichten konnte. Danach heiratete sie einen ihrer Cousins. Da sie keine eigenen Kinder hatte, brachte sie eine ihrer Nichten aus der Champagne mit und adoptierte sie. Diese Nichte war meine Mutter, Clemence Collin. Die Massons waren gerade dabei, sich mit einem komfortablen Vermögen aus dem Geschäft zurückzuziehen, als sie in Panik innerhalb von zwei Wochen praktisch alles verloren und gerade genug gespart hatten, um anständig zu leben. Kurz darauf heiratete meine Mutter meinen Vater, einen kleinen Beamten im Innenministerium. Mein Großonkel starb einige Monate vor meiner Geburt am 9. Oktober 1835 an gebrochenem Herzen. Mein Vater starb am 31. Dezember des folgenden Jahres an Schwindsucht, nur ein Jahr bis einen Tag nach seiner Heirat.

So waren die beiden Frauen beide zurückgelassene Witwen, schlecht versorgt, von traurigen Erinnerungen belastet und mit der Fürsorge eines zarten Kindes betraut. Tatsächlich war ich so empfindlich, dass die Ärzte kaum Hoffnung auf meinen Lebensunterhalt machten, und auf ihren Rat hin blieb ich bei meiner Krankenschwester auf dem Land, bis ich zwei Jahre alt war.

Während meine Tante eine bemerkenswerte Ausbildung genossen hatte, war meine Mutter nicht so umfassend unterrichtet worden. Aber sie machte jeden Mangel durch die Zurschaustellung einer Vorstellungskraft und einer eifrigen Fähigkeit zur Assimilation wett, die ans Wunderbare grenzte. Sie erzählte mir oft von einem Onkel, der sie sehr liebte – er war durch die Sache von Philippe Egalité ruiniert worden. Dieser Onkel war ein Künstler, aber er liebte dennoch leidenschaftlich die Musik. Er hatte sogar mit eigenen Händen eine Konzertorgel gebaut, auf der er spielte. Meine Mutter saß immer zwischen seinen Knien und während er sich damit amüsierte, mit seinen Fingern durch ihr prächtiges schwarzes Haar zu fahren, redete er mit ihr über Kunst, Musik, Malerei – Schönheit in jeder Form. So setzte sie sich in den Kopf, dass, wenn sie jemals eigene Söhne hätte, der erste ein Musiker, der zweite ein Maler und der dritte ein Bildhauer sein sollte. Als ich von der Krankenschwester nach Hause kam, war sie daher nicht sonderlich überrascht, dass ich anfing, auf jedes Geräusch und jeden Ton zu hören; dass ich die Türen knarren ließ und mich vor die Uhren stellte, um sie schlagen zu hören. Meine besondere Freude war die Musik aus dem Teekessel – einem großen Teekessel, der jeden Morgen vor dem Feuer im Wohnzimmer aufgehängt wurde. Ich saß daneben auf einem kleinen Hocker und wartete mit lebhafter Neugier auf die ersten Geräusche seines sanften und vielfältigen *Crescendo* und auf das Erscheinen einer mikroskopisch kleinen Oboe, die ihren Gesang allmählich steigerte, bis er durch den kochenden Kessel zum Schweigen gebracht wurde. Berlioz muss diese Oboe genauso gehört haben wie ich, denn ich habe sie im „Ride to Hell" in seiner *La Damnation de Faust wiederentdeckt* .

Gleichzeitig lernte ich lesen. Als ich zweieinhalb Jahre alt war, stellten sie mich vor ein kleines Klavier, das mehrere Jahre lang nicht geöffnet worden war. Anstatt willkürlich zu trommeln, wie es die meisten Kinder in diesem Alter getan hätten, schlug ich die Noten eine nach der anderen an und fuhr erst fort, als der Klang der vorherigen Note verklungen war. Meine Großtante brachte mir die Namen der Noten bei und besorgte mir einen Stimmgerät, der das Klavier in Ordnung brachte. Während das Stimmen im Gange war, spielte ich im Nebenzimmer, und sie waren völlig erstaunt, als ich die Noten so benannte, wie sie erklangen. All diese Details wurden mir nicht erzählt – ich erinnere mich perfekt daran.

Ich wurde nach der Methode von Le Carpentier unterrichtet und war in einem Monat fertig. Sie konnten nicht zulassen, dass so ein kleiner Affe am Klavier herumwerkelte, und ich weinte wie eine verlorene Seele, als sie das Instrument zumachten. Dann ließen sie es offen und stellten einen kleinen Hocker davor. Von Zeit zu Zeit ließ ich meine Spielsachen liegen und kletterte hinauf, um alles herauszutrommeln, was mir in den Sinn kam. Allmählich brachte mir meine Großtante, die glücklicherweise über ausgezeichnete musikalische Grundlagen verfügte, bei, meine Hände richtig zu halten, damit ich mir nicht die groben Fehler zulegte, die später so schwer zu korrigieren sind. Aber sie wussten nicht, welche Art von Musik sie mir geben sollten. Die speziell für Kinder geschriebene Musik ist in der Regel nur Melodie und der Teil für die linke Hand ist uninteressant. Ich weigerte mich, sie zu lernen. „Der Bass singt nicht", sagte ich angewidert.

Dann suchten sie bei den alten Meistern Haydn und Mozart nach Dingen, die für mich leicht zu handhaben waren. Mit fünf Jahren spielte ich kleine Sonaten korrekt, mit guter Interpretation und ausgezeichneter Präzision. Aber ich stimmte zu, sie nur vor Zuhörern zu spielen, die in der Lage waren, sie zu würdigen. Ich habe in einer biografischen Skizze gelesen, dass mir mit Auspeitschung gedroht wurde, um mich zum Spielen zu bewegen. Das ist absolut falsch; aber man musste mir sagen, dass sich im Publikum eine Dame befand, die eine ausgezeichnete Musikerin war und einen anspruchsvollen Geschmack hatte. Ich würde nicht für diejenigen spielen, die es nicht wissen.

Was die Androhung von Auspeitschungen betrifft, so muss diese in das Reich der Legenden verbannt werden, da Garcia seine Töchter bestrafte, damit sie das Singen lernen lernten. Madame Viardot erzählte mir ausdrücklich, dass weder sie noch ihre Schwester von ihrem Vater misshandelt wurden und dass sie Musik lernten, ohne es zu merken, genauso wie sie sprechen lernten.

Doch trotz meiner überraschenden Fortschritte ahnte mein Lehrer nicht, wie meine Zukunft aussehen würde. „Wenn er fünfzehn ist", sagte sie, „wenn er einen Tanz schreiben kann, werde ich zufrieden sein." Allerdings begann ich gerade zu dieser Zeit, Musik zu schreiben. Ich habe Walzer und Galopps geschrieben – der Galopp war damals in Mode; es basierte auf eher gewöhnlichen musikalischen Motiven und meine bildeten keine Ausnahme von der Regel. Liszt musste mit seinem *„Galop Chromatique"* zeigen, welche Auszeichnung das Genie den alltäglichsten Themen verleihen kann. Meine Walzer waren besser. Wie immer bei mir komponierte ich die Musik bereits direkt auf Papier, ohne sie am Klavier auszuarbeiten. Die Walzer waren zu schwierig für meine Hände, also war eine Freundin der Familie, eine Schwester der Sängerin Geraldy, so freundlich, sie mir vorzuspielen.

Ich habe mir diese kleinen Kompositionen kürzlich angesehen. Sie sind unbedeutend, aber es ist unmöglich, einen technischen Fehler darin zu finden. Eine solche Präzision war bemerkenswert für ein Kind, das keine Ahnung von der Wissenschaft der Harmonie hatte. Etwa zu dieser Zeit hatte jemand die Idee, dass ich ein Orchester hören sollte. Also nahmen sie mich mit zu einem Sinfoniekonzert und meine Mutter hielt mich in der Nähe der Tür in ihren Armen. Bis dahin hatte ich nur einzelne Violinen gehört und ihr Klang hatte mir nicht gefallen. Aber der Eindruck des Orchesters war völlig anders und ich hörte mit Vergnügen einer Passage zu, die von einem Quartett gespielt wurde, als plötzlich ein Stoß von den Blechblasinstrumenten kam – den Trompeten, Posaunen und Becken. Ich brach in lautes Geschrei aus: „Lasst sie aufhören. Sie verhindern, dass ich die Musik höre." Sie mussten mich hinausbringen.

Mit sieben Jahren ging ich aus den Händen meiner Großtante in die von Stamaty über. Er war überrascht über die Art und Weise, wie meine musikalische Ausbildung verlaufen war, und brachte dies in einem kleinen Werk zum Ausdruck, in dem er die Notwendigkeit eines richtigen Anfangs erörterte. In meinem Fall, sagte er, bliebe nichts anderes übrig, als mich zu perfektionieren.

Stamaty war Kalkbrenners bester Schüler und der Verbreiter der von ihm erfundenen Methode. Diese Methode basierte auf dem *Leitfaden main* , also wurde ich damit beauftragt, daran zu arbeiten. Überaus interessant ist das Vorwort zu Kalkbrenners Methode, in dem er die Anfänge seiner Erfindung erzählt. Diese Erfindung bestand aus einer Stange, die vor der Tastatur platziert wurde. Der Unterarm ruhte so auf dieser Stange, dass alle Muskelaktionen außer der Hand unterdrückt wurden. Dieses System eignet sich hervorragend, um jungen Pianisten beizubringen, Stücke zu spielen, die für das Cembalo oder die ersten Pianofortes geschrieben wurden und bei denen die Tasten auf leichten Druck reagieren. aber für moderne Werke und Instrumente ist es unzureichend. Man sollte damit beginnen, denn es entwickelt die Festigkeit der Finger und die Geschmeidigkeit des Handgelenks und erhöht in einfachen Schritten das Gewicht des Unterarms und des gesamten Arms. Aber heutzutage ist es zur Praxis geworden, am Ende zu beginnen. Wir erlernen die Elemente der Fuge aus Sebastian Bachs *Wohltemperirte Klavier* , das Klavier aus den Werken von Schumann und Liszt sowie Harmonie und Instrumentierung von Richard Wagner. Allzu oft vergeuden wir unsere Bemühungen, so wie Sänger, die Rollen lernen und auf die Bühne stürmen, bevor sie singen können, ihre Stimmen in kurzer Zeit ruinieren.

Die Festigkeit der Finger ist nicht das Einzige, was man aus Kalkbrenners Methode lernt, denn es gibt auch eine Verfeinerung der Klangqualität allein durch die Finger, eine wertvolle Ressource, die in unserer Zeit ungewöhnlich ist.

Leider hat diese Schule auch das kontinuierliche *Legato erfunden* , was sowohl falsch als auch eintönig ist; der Missbrauch von Nuancen und eine Manie für kontinuierlichen *Ausdruck* , der ohne Diskriminierung verwendet wird. All dies widersprach meinen natürlichen Gefühlen und ich war nicht in der Lage, mich darauf einzulassen. Sie machten mir Vorwürfe, dass ich nie eine wirklich schöne Wirkung erzielen würde – was mir völlig egal war.

Als ich zehn war, entschied mein Lehrer, dass ich ausreichend vorbereitet sei, um im Salle Pleyel ein Konzert zu geben, und so spielte ich dort, begleitet von einem italienischen Orchester, mit Tilmant als Dirigent. Ich habe Beethovens *Konzert in c-Moll* und eines von Mozarts Konzerten in B-Dur aufgeführt. Es gab einige Überlegungen, ob ich bei der Société des Concerts du Conservatoire spielen würde, und es gab sogar eine Probe. Aber Seghers, der später die Société St. Cécile gründete, war eine Macht in den Angelegenheiten des Orchesters. Er verabscheute Stamaty und sagte ihm, dass die Société nicht für die Aufführung von Kinderliedern organisiert sei. Meine Mutter fühlte sich verletzt und wollte nichts mehr davon hören.

Nach meinem ersten Konzert, das ein durchschlagender Erfolg war, wollte mein Lehrer, dass ich noch weitere Konzerte gebe, aber meine Mutter wollte nicht, dass ich eine Karriere als Wunderkind einschlage. Sie hatte höhere Ambitionen und wollte nicht, dass ich meine Konzerttätigkeit fortsetzte, aus Angst vor gesundheitlichen Schäden. Das Ergebnis war, dass zwischen meinem Lehrer und mir eine Abkühlung entstand, die unsere Beziehung beendete.

Damals machte meine Mutter eine Bemerkung, die Cornelia würdig war. Eines Tages machte ihr jemand Vorwürfe, weil sie mich Beethovens Sonaten spielen ließ. „Welche Musik wird er spielen, wenn er zwanzig ist?", wurde sie gefragt. „Er wird seine eigene spielen", war ihre Antwort.

Der größte Nutzen, den ich aus meiner Erfahrung mit Stamaty zog, war meine Bekanntschaft mit Maleden, den er mir als Kompositionslehrer gab. Maleden wurde in Limoges geboren, wie sein Akzent immer zeigte. Er war dünn und langhaarig, eine freundliche und schüchterne Seele, aber ein unvergleichlicher Lehrer. Er war in seiner Jugend nach Deutschland gegangen, um bei einem gewissen Gottfried Weber zu studieren, dem Erfinder eines Systems, das Maleden mitbrachte und perfektionierte. Er machte es zu einem wunderbaren Werkzeug, mit dem man in die Tiefen der Musik vordringen konnte – ein Licht für die dunkelsten Winkel. In diesem System werden die Akkorde nicht an und für sich betrachtet – als Quinten, Sexten, Septimen –, sondern in Bezug auf die Tonhöhe der Tonleiter, auf der sie erscheinen. Die Akkorde erhalten je nach der Stelle, die sie einnehmen, unterschiedliche Eigenschaften, und infolgedessen werden bestimmte Dinge erklärt, die sonst unerklärlich sind. Diese Methode wird an der Ecole Niedermeuer gelehrt, aber ich weiß nicht, ob sie anderswo gelehrt wird.

Maleden wollte unbedingt Professor am Konservatorium werden. Aufgrund seines starken Einflusses war Auber gerade dabei, Maledens Ernennung zu unterzeichnen, als er in seiner gewissenhaften Ehrlichkeit meinte, er müsse ihm schreiben und ihn warnen, dass seine Methode völlig von der in der

Institution gelehrten abweiche. Auber hatte Angst und Maleden wurde nicht eingelassen.

Unser Unterricht war oft sehr stürmisch. Von Zeit zu Zeit tauchten bestimmte Fragen auf, bei denen ich ihm nicht zustimmen konnte. Dann nahm er mich leise am Ohr, neigte meinen Kopf und hielt mein Ohr ein oder zwei Minuten lang an den Tisch. Dann würde er fragen, ob ich meine Meinung geändert hätte. Da ich es nicht getan hatte, dachte er darüber nach und gestand sehr oft, dass ich Recht hatte.

„Deine Kindheit", sagte mir Gounod einmal, „war nicht musikalisch." Er hatte Unrecht, denn er kannte die vielen Erinnerungen an meine Kindheit nicht. Viele meiner Versuche sind unvollendet – ganz zu schweigen von denen, die ich zerstört habe –, aber darunter sind Lieder, Chöre, Kantaten und Ouvertüren, von denen keines jemals das Licht der Welt erblicken wird. Das Vergessen wird dieses Herumtasten nachträglich verschleiern, denn es ist für die Öffentlichkeit uninteressant. Unter diesen Kritzeleien habe ich einige Notizen gefunden, die ich mit Bleistift geschrieben hatte, als ich vier Jahre alt war. Das darauf angebrachte Datum lässt keinen Zweifel über den Zeitpunkt ihrer Herstellung aufkommen.

KAPITEL II

DAS ALTE KONSERVATORIUM

Ich kann das alte Konservatorium in der Rue Bergère nicht verlassen, ohne ihm ein letztes Mal Lebewohl zu sagen, denn ich habe es so sehr geliebt, wie wir alle die Dinge unserer Jugend lieben. Ich liebte seine Antike, das völlige Fehlen jeglicher modernen Note und die Atmosphäre vergangener Tage. Ich liebte diesen absurden Hof mit den klagenden Tönen von Sopranen und Tenören, dem Rasseln von Klavieren, den Schlägen von Trompeten und Posaunen, den Arpeggios von Klarinetten, die sich alle zu jener Ultrapolyphonie vereinen, die einige unserer Komponisten zu erreichen versucht haben – aber ohne Erfolg. Vor allem liebte ich die Erinnerungen an meine Musikausbildung, die ich in diesem lächerlichen und ehrwürdigen Palast erhielt, der längst zu klein für die Schüler war, die dort aus allen Teilen der Welt zusammenströmten.

Ich war vierzehn, als Stamaty, mein Klavierlehrer, mich dem Orgellehrer Benoist vorstellte, einem ausgezeichneten und charmanten Mann, der allgemein als „Vater Benoist" bekannt war. Sie setzten mich vor die Klaviatur, aber ich hatte große Angst, und die Töne, die ich hervorbrachte, waren so außergewöhnlich, dass alle Schüler vor Lachen brüllten. Ich wurde am Konservatorium als „Zuhörer" aufgenommen.

Dort wurde mir also nur die Ehre zuteil, anderen zuzuhören. Ich war jedoch äußerst gewissenhaft und verlor nie eine Note oder ein Wort des Lehrers aus den Augen. Ich arbeitete und dachte zu Hause und studierte fleißig Sebastian Bachs *Wohltemperiertes Klavier* . Die anderen Schüler waren jedoch nicht so fleißig. Eines Tages, als sie alle durchgefallen waren und Benoist deshalb nichts zu tun hatte, setzte er mich an die Orgel. Diesmal lachte niemand und ich wurde sofort ein regulärer Schüler. Am Ende des Jahres gewann ich den zweiten Preis. Ich hätte den ersten gewonnen, wenn ich nicht so jung gewesen wäre und nicht die Unannehmlichkeit gehabt hätte, eine Klasse verlassen zu müssen, in der ich länger bleiben musste.

Im selben Jahr gewann Madeleine Brohan den ersten Preis in der Kategorie Komödie. Sie konkurrierte mit einer Auswahl aus *Misanthrope* , und Mlle. Jouassin übernahm den anderen Teil des Dialogs. Mlle. Jouassins Technik war die bessere, aber Madeleine Brohan war so wunderbar in Schönheit und Stimme, dass sie den Preis davontrug. Die Preisverleihung löste einen großen Aufruhr aus. Heutzutage würde der Preis in einem solchen Fall geteilt werden. Mlle. Jouassin gewann ihren Preis im folgenden Jahr. Nach dem Schulabschluss nahm sie eine wichtige Stelle an der Comédie-Française an und hielt sie lange Zeit inne.

Benoist war ein ganz gewöhnlicher Organist, aber ein bewundernswerter Lehrer. Aus seiner Klasse kam eine wahre Galaxie an Talent. Er hatte wenig zu sagen, aber da sein Geschmack raffiniert und sein Urteilsvermögen sicher war, fehlte nichts, was er sagte, an Gewicht oder Autorität. Er wirkte an mehreren Balletten für die Oper mit, was ihm eine Menge Arbeit bescherte. Es klingt unglaublich, aber er brachte seine „Arbeit" mit in den Unterricht und kritzelte an seiner Orchestrierung herum, während seine Schüler Orgel spielten. Das hinderte ihn nicht daran, ihnen zuzuhören und sich um sie zu kümmern. Er ließ seine Arbeit liegen und machte entsprechende Kommentare, als hätte er keine anderen Gedanken.

Zusätzlich zu seinen Balletten erledigte Benoist noch andere kleine Gelegenheitsarbeiten für die Opéra. Infolgedessen gab er mir eines Tages ohne nachzudenken den Schlüssel zu einem tiefen Geheimnis. In seinem berühmten *Traité d'Instrumentation* äußerte Berlioz seine Bewunderung für eine Passage in Sacchinis *Œdipus à Colone* . Kurz vor den Worten „ *Je connus la charmante Eriphyle* " erklingen zwei Klarinetten in absteigenden Terzen von echtem Charme . „ Berlioz war begeistert und schrieb:

„Wir könnten glauben, dass wir wirklich sehen, wie Eriphyle ihm keusch die Augen küsst. Es ist bewundernswert. Und doch", fügt er hinzu, „gibt es in Sacchinis Partitur keine Spur von diesem Effekt."

Nun hat Sacchini aus irgendeinem Grund, den ich nicht kenne, in der gesamten Partitur kein einziges Mal Klarinetten verwendet. Benoist wurde beauftragt, sie hinzuzufügen, als das Werk wiederbelebt wurde, wie er mir eines Tages erzählte, als wir uns unterhielten. Berlioz wusste davon nicht, und Benoist, der Berlioz' *Traité nicht gelesen hatte* , wusste nichts von der begeisterten Bewunderung des romantischen Musikers für sein Werk. Diese glücklich gedrehten Drittel waren zwar nicht von Sacchini, aber dennoch eine hervorragende Innovation.

Benoist war weniger glücklich, als er gebeten wurde, Bellinis *Romeo* durch ohrenbetäubende Ausbrüche von Trommeln, Becken und Blechbläsern etwas Leben einzuhauchen. In derselben geräuschliebenden Zeit widmete Costa in London Mozarts *Don Juan* die gleiche Behandlung. Während der gesamten Oper ließ er die Posaunen los, die der Autor absichtlich für den Schluss reserviert hatte. Benoist hätte sich weigern sollen, solch eine barbarische Arbeit zu leisten. Es konnte jedoch nicht verhindern, dass ein wertloses Stück scheiterte, das von der Geschäftsführung, die Les Troyens abgelehnt hatte, mit großem Aufwand inszeniert worden war.

Ich war fünfzehn, als ich in die Klasse von Halévy kam. Ich hatte das Studium der Harmonielehre, des Kontrapunkts und der Fuge unter Maledens Leitung bereits abgeschlossen. Wie gesagt, seine Methode war die, die an der Ecole Niedermeuer gelehrt wurde. Faure, Messager, Perilhou und Gigot wurden dort ausgebildet und lehrten diese Methode abwechselnd. Meine Klassenarbeit bestand darin, Versuche mit Vokal- und Instrumentalmusik und Orchestrierung zu unternehmen. Dort erschienen erstmals My *Rêverie* , *La Feuille de Peuplier und viele andere Dinge*. Sie sind völlig in Vergessenheit geraten, und das zu Recht, denn meine Arbeit war sehr uneinheitlich.

Am Ende seiner Laufbahn schrieb Halévy unentwegt Opern und Opéra-comiques, die seinen Ruhm nicht steigerten und nach einer beachtlichen Zahl von Aufführungen nie wieder auflebten. Er war völlig in seine Arbeit vertieft und vernachlässigte deshalb den Unterricht sehr. Er kam nur, wenn er Zeit hatte. Die Schüler kamen jedoch trotzdem und erteilten sich gegenseitig weit weniger nachsichtigen Unterricht als der Meister, denn sein größter Fehler war eine übertriebene Gutmütigkeit. Selbst wenn er im Unterricht war, konnte er sich nicht vor Egoisten schützen. Sängerinnen und Sänger aller Art kamen zu einer Anhörung. An einem Tag war es Marie Cabel, noch jugendlich und sowohl in ihrer Stimme als auch Schönheit blendend. An anderen Tagen verschwendeten unmögliche Tenöre seine Zeit. Wenn der Meister ausrichten ließ, dass er nicht kommen würde – was oft vorkam –, ging ich in die Bibliothek und schloss dort tatsächlich meine Ausbildung ab. Die Menge an Musik, alter und moderner, die ich verschlang, ist unglaublich.

Aber es genügte mir nicht, Noten zu lesen – ich musste sie auch hören. Natürlich gab es die Société des Concerts, aber sie war ein Paradies, bewacht von einem Engel mit einem flammenden Schwert in Gestalt eines Pförtners namens Lescot. Seine Aufgabe war es, die Profanen daran zu hindern, das Heiligtum zu entweihen. Lescot mochte mich und schätzte meinen brennenden Wunsch, das Orchester zu hören. Deshalb machte er seine Runden so langsam wie möglich, um mich nur als letztes Mittel hinauszuwerfen. Zu meinem Glück gab mir Marcelin de Fresne einen Platz in seiner Loge, den ich mehrere Jahre lang belegen durfte.

Ich habe die Symphonien gelesen und studiert, bevor ich sie hörte, und ich sah gravierende Mängel in der viel gerühmten Ausführung der Société. Heute würde sie niemand mehr ertragen, aber damals blieben sie unbemerkt. Ich war naiv und unvorsichtig, und deshalb habe ich diese Mängel oft angesprochen. Man kann sich leicht vorstellen, welche Phiolen des Zorns über mich ausgegossen wurden.

Für das Publikum war der große Erfolg dieser Konzerte auf den unvergleichlichen Reiz der Klangtiefe zurückzuführen, der dem Saal zugeschrieben wurde. Das glaubten auch die Mitglieder der Société und ließen dort kein anderes Orchester zu hören. Dieser Zustand dauerte so lange, bis Anton Rubinstein vom Minister der Schönen Künste die Erlaubnis erhielt, dort ein Konzert mit Begleitung des Colonne-Orchesters zu geben. Die Société war darüber verärgert und wütend und drohte mit der Aufgabe ihrer Konzertreihe. Doch die Société wurde überstimmt und das Konzert wurde gegeben. Zur allgemeinen Überraschung stellte sich heraus, dass ein anderes Orchester im selben Saal eine völlig andere Wirkung erzielte. Es stellte sich heraus, dass die so hoch geschätzte Klangtiefe auf die berühmte Société selbst, auf den Charakter der Instrumente und die Ausführung zurückzuführen war.

Dennoch ist der Saal ausgezeichnet, auch wenn er für die Aufführung moderner Kompositionen nicht mehr geeignet ist. Er ist jedoch ein wunderbarer Ort für die zahlreichen Konzerte von Virtuosen, sowohl Sängern als auch Instrumentalisten, die von einem Orchester begleitet werden, und für Kammermusik. Schließlich ist der Saal, in dem Frankreich die Meisterwerke von Haydn, Mozart und Beethoven kennenlernte, deren Einfluss so tiefgreifend war, ein historischer Ort.

In den letzten Jahren wurden zahlreiche Verbesserungen in der Verwaltung des Konservatoriums eingeführt. Andererseits sind alte und ehrwürdige Bräuche verschwunden, und wir können ihren Verlust nur bedauern. Seit Aubers Zeiten gab es eine mit dem Konservatorium verbundene *Pension*. Hier fanden die jungen Sänger, die mit achtzehn Jahren aus der Provinz kamen, Unterkunft und Verpflegung, ein geregeltes Leben und Schutz vor den Versuchungen einer Großstadt, die für frische junge Stimmen so gefährlich sind. Aus dieser *Pension* stammten Bouhy, Lassalle, Capoul, Gailhard und viele andere, die die französische Bühne berühmt gemacht haben.

Wir hatten auch Theaterabende, die sowohl für die Darsteller als auch für das Publikum ausgezeichnet waren, da sie Werke aufführten, die nicht zum üblichen Repertoire gehörten. Bei diesen Abenden führten sie Méhuls *Joseph* auf, das lange Zeit von den Bühnen verschwunden war. Die wunderschönen Chöre, die von den frischen Stimmen der Schüler gesungen wurden, waren so erfolgreich, und das ganze Werk wurde so enthusiastisch beklatscht, dass es an der Opéra-Comique wiederaufgeführt wurde und erneut einen Erfolg erlangte, den es nie verloren hat. Wir hörten dort auch Glucks *Orphée*, lange bevor dieses Meisterwerk am Théâtre-Lyrique wiederaufgeführt wurde. Dann gab es Méhuls *Irato*, ein merkwürdiges und reizvolles Werk, das die Opéra später aufnahm. Und dort führten sie auch den letzten Akt von Rossinis *Otello auf*. Der Sturm in diesem Akt brachte mir eine Idee von dem Sturm, der durch den zweiten Akt von *Samson tobt*.

Beim Wiederaufbau des Saals wurde die Bühne zerstört, so dass solche Aufführungen nicht mehr möglich sind. Um dies auszugleichen, installierten sie eine Konzertorgel, eine notwendige Ergänzung für musikalische Darbietungen.

Schließlich war zu Aubers Zeiten und sogar zu denen von Ambroise Thomas der Regisseur der Meister. Niemand hätte daran gedacht, ein Komitee zu gründen, das unter dem Deckmantel der Verantwortung des Direktors dessen Autorität auf seltsame Weise schmälern würde. Der einzige Vorteil des neuen Systems war das Ende des unaufhörlichen Krieges, den die Musikkritiker gegen den Regisseur führten. Aber das schadete weder dem Direktor noch der Schule, denn diese wuchs so stark, dass sie schon längst hätte vergrößert werden müssen. Der Ausschussplan hat gewonnen und der Vorfall ist abgeschlossen. Man kann nur hoffen, dass Schritte unternommen werden, um eine Erhöhung der Schülerzahlen zu ermöglichen, da sich jedes Jahr so viele Kandidaten bewerben und so wenige ausgewählt werden.

Wie jeder weiß, sind wir von einem regelrechten Reformwahn befallen, und es kann nicht schaden, eine Reform für das Konservatorium vorzuschlagen. Ausländische Konservatorien wurden untersucht und sie möchten hier einige ihrer Besonderheiten vorstellen. Tatsächlich sind einige der ausländischen Konservatorien in prächtigen Palästen untergebracht und ihre Lehrpläne werden mit einer bewundernswerten Sorgfalt ausgearbeitet. Ob sie bessere Schüler werden als wir, ist eine offene Frage. Unbestritten ist jedoch, dass viele junge Ausländer für ihre Ausbildung zu uns kommen.

Einige Reformer sind schockiert, wenn sie sehen, dass ein Musiker eine Schule leitet, in der Rhetorik unterrichtet wird. Sie vergessen, dass ein Musiker auch ein Literat sein kann – der gegenwärtige Direktor vereint diese beiden Qualifikationen – und dass es unwahrscheinlich ist, dass dies in Zukunft anders sein wird. Die Rhetoriklehrer waren immer die besten, die man finden konnte. Obwohl M. Faure Musiker ist, hat er es verstanden, den Tragödienunterricht wieder auf seinen ursprünglichen Zweck zurückzuführen. Eine Zeit lang neigten sie zu einem anstößigen Modernismus, denn sie ersetzten bei ihren Wettbewerben die klassischen Verse durch moderne Prosa. Und das Studium der letzteren ist sehr gewinnbringend.

Diese Verbindung von Vortragskunst und Musik ist nicht nur nicht schädlich, sondern es wäre auch nützlich, wenn Sänger und Komponisten sie nutzen würden, um sich mit den Grundsätzen der Diktion vertraut zu machen, die meiner Meinung nach für beide unverzichtbar sind. Stattdessen misstrauen sie der Melodie. Deklamation ist in Opern nicht mehr erwünscht, und die Sänger machen die Werke unverständlich, indem sie die Worte nicht artikulieren. Die Komponisten tendieren in dieselbe Richtung, denn sie geben keinerlei Hinweise oder Anweisungen, wie sie die Worte gesprochen haben möchten. All dies ist bedauerlich und sollte reformiert werden.

Wie Sie sehen, lehne ich die Reformmanie ab und schlage schließlich selbst Reformen vor. Nun, man muss seiner Zeit entsprechend handeln, dann kann man der Ansteckung nicht entgehen.

KAPITEL III

VICTOR HUGO

Alles in meiner Jugend schien darauf ausgelegt zu sein, mich von der Romantik fernzuhalten. Die Leute um mich herum sprachen nur von den großen Klassikern, und ich sah, wie sie Ponsards *Lucrece* als eine Art Minerva begrüßten, deren Lanze es war, Victor Hugo und seine üble Mannschaft in die Flucht zu schlagen, von denen sie nie außer mit Abscheu sprachen.

Wer war es, frage ich mich, der auf die glückliche Idee kam, mir die ersten Bände der Gedichte von Victor Hugo in eleganter Bindung zu schenken? Ich habe vergessen, wer es war, aber ich erinnere mich, welche Freude mir die Schwingungen seiner Leier bereiteten. Bis zu diesem Zeitpunkt schien mir die Poesie etwas Kaltes, Anständiges und Fernes zu sein, und erst viel später offenbarte sich mir die lebendige Schönheit unserer Klassiker. Ich fühlte mich sofort zutiefst bewegt, und da mein Temperament im Wesentlichen in allem musikalisch ist, begann ich, sie zu singen.

Die Leute haben mir *bis zum Überdruss gesagt* (und sagen es mir immer noch), dass schöne Verse der Musik feindlich gegenüberstehen, oder besser gesagt, dass Musik den guten Versen feindlich gegenübersteht; dass Musik gewöhnliche Verse, gereimte Prosa, erfordert und keine Verse, die nach Wunsch des Komponisten formbar und reduzierbar sind. Diese Verallgemeinerung trifft sicherlich zu, wenn die Musik zuerst geschrieben und dann an den Text angepasst wird, aber das ist nicht die ideale Harmonie zwischen zwei Künsten, die einander ergänzen sollen. Erfordern die rhythmischen und klangvollen Passagen der Verse nicht natürlich einen Gesang, um sie hervorzuheben, da Singen nur eine bessere Methode ist, sie zu deklamieren? Ich habe dazu einige Versuche unternommen und einige davon sind erhalten geblieben: *Puisque ici bas toute âme*, *Le Pas d'armes du roi Jean* und *La Cloche*. Sie wurden damals lächerlich gemacht, sollten aber später einige Erfolge erzielen. Danach fuhr ich mit *Si tu veux faisons un rêve fort*, das Madame Carvalho viel sang, *Soirée en mer* und vielen anderen.

Je älter ich wurde, desto größer wurde meine Hingabe an Hugo. Ich wartete ungeduldig auf jedes neue Werk des Dichters und verschlang es, sobald es erschien. Wenn ich die gehässige Kritik irritierender Kritiker über mich hörte, tröstete mich das Gespräch mit Berlioz, der mich mit seiner Freundschaft ehrte und dessen Bewunderung für Hugo der meinen gleichkam. In der Zwischenzeit verbesserte sich meine literarische Ausbildung, ich lernte die Klassiker kennen und entdeckte in ihnen unsterbliche Schönheiten. Meine Bewunderung für die Klassiker schmälerte jedoch nicht meine Wertschätzung für Hugo, denn ich konnte nie verstehen, warum es ihm gegenüber untreu war, Racine nicht zu verachten. Es war ein Glück für mich, dass ich dieser Ansicht war, denn ich habe gesehen, wie die feurigsten Romantiker wie Meurice und Vacquerie in ihren späteren Jahren zu Racine zurückkehrten und die Glieder einer goldenen Kette reparierten, die niemals hätte brechen dürfen.

Das Kaiserreich fiel und Victor Hugo kam nach Paris zurück. So hatte ich die Chance, meinen Traum zu verwirklichen, ihn zu sehen und seine Stimme zu hören! Aber ich fürchtete mich fast so sehr davor, ihn zu treffen, wie ich es mir wünschte. Wie Rossini empfing Victor Hugo jeden Abend seine Freunde. Er kam mit ausgestreckten Händen auf mich zu und sagte mir, wie sehr es ihm eine Freude sei, mich in seinem Haus zu sehen. Alles drehte sich um mich!

„Das kann ich Ihnen nicht sagen", antwortete ich. „Ich wünschte, ich wäre woanders." Er lachte herzlich und zeigte, dass er meine Schüchternheit zu überwinden wusste. Ich wartete darauf, etwas von dem Gespräch zu hören, das, meiner vorgefassten Meinung nach, im Stil seines neuesten Romans sein würde. Es war jedoch völlig anders; einfache, geschliffene Sätze, völlig logisch, kamen aus diesem „Mund des Mysteriums".

Ich besuchte Hugos Abende so oft wie möglich, denn ich konnte mich nie an der Gegenwart des Helden meiner Jugendträume satt sehen. Ich hatte Gelegenheit zu bemerken, wie sehr ein feuriger Republikaner, ein moderner Juvenal, dessen Verse „Könige" wie mit glühendem Eisen brandmarkten, in seinem Privatleben für ihre Schmeicheleien empfänglich war. Der Kaiser von Brasilien hatte ihn besucht, und am nächsten Tag konnte er nicht aufhören, ständig darüber zu reden. Etwas demonstrativ nannte er ihn „Don Pedro d'Alcantara". Auf Französisch wäre das „M. Pierre du Pont." Das Spanische verleiht gewöhnlichen Namen von Natur aus solche blumigen Klänge. Dieser blumige Stil ist im Französischen nicht häufig anzutreffen, und genau das ist es, was Corneille und Victor Hugo ihm verliehen haben.

Ein kleiner Vorfall veränderte leider mein Verhältnis zu dem großen Dichter.

„Solange Mlle. Bertin lebt", sagte er mir, „würde ich niemals zulassen, dass *La Esmeralda* vertont wird; wenn aber jetzt ein Musiker nach diesem Gedicht fragen sollte, würde ich es ihm gerne überlassen."

Die Einladung war selbstverständlich. Doch wie allgemein bekannt ist, ist diese dramatische und lyrische Adaption der berühmten Romanze nicht besonders glücklich. Ich war sehr verlegen und tat so, als verstünde ich nichts, aber ich traute mich nie wieder, Hugos Haus zu besuchen.

Die Jahre vergingen. 1881 wurde eine Spende für die Errichtung einer Statue des Autors von *La Légende des Siècles getätigt* und man begann, Feierlichkeiten zu ihrer Einweihung zu planen, insbesondere eine große Veranstaltung am

Trocadéro. Diese Idee beflügelte meine Fantasie und ich schrieb meine *Hymne à Victor Hugo* .

Der Meister verstand bekanntlich überhaupt nichts von Musik, und das Gleiche galt auch für seine Umgebung. Es ist eine Frage der Vermutung, wie es dazu kam, dass der Meister und seine Anhänger ein absurdes und formloses Motiv für eine von Beethovens erhabenen Inspirationen hielten. Victor Hugo hat die schönen Verse von *Stella* an dieses schockierende Motiv angepasst. Es wurde als Anhang in den *Châtiments veröffentlicht* , mit einer Bemerkung über die Vereinigung zweier Genies, die Verschmelzung der Verse eines großen Dichters mit den *bewundernswerten* Versen eines großen Musikers. Und der Dichter hätte Frau. Drouet spielt diese wunderbare Musik von Zeit zu Zeit auf dem Klavier! *Tristia Herculis!*

Da ich meiner Hymne etwas Eigenes von Victor Hugo hinzufügen wollte, das unmöglich jemand anderem zugeschrieben werden konnte, versuchte ich, dieses Motiv einzuführen, das ihm so sehr gefiel. Und mit Hilfe zahlreicher Tricks, die jeder Musiker auf Lager hat, gelang es mir, ihm die Form und den Charakter zu verleihen, die ihm gefehlt hatten.

Dem Meister gefiel das Abonnement nicht schnell genug, und er ließ es einstellen. Also legte ich mein Kirchenlied in eine Schublade und wartete auf eine bessere Gelegenheit.

Etwa zu dieser Zeit kam M. Bruneau, der Vater des berühmten Komponisten, auf die Idee, Frühlingskonzerte im Trocadéro zu veranstalten. Bruneau besuchte mich und fragte mich, ob ich ein unveröffentlichtes Werk hätte, das ich ihm überlassen könnte. Dies war eine ausgezeichnete Gelegenheit für die Aufführung meiner *Hymne* , da sie für den Trocadéro geschrieben worden war. Die Aufführung wurde beschlossen und Victor Hugo wurde eingeladen, sie anzuhören.

Die Aufführung war großartig – ein großes Orchester, die prächtige Orgel, acht Harfen und acht Trompeten, die ihre Schnörkel auf der Orgelempore erklingen ließen, und ein großer Chor für den Abschluss von solcher Pracht, dass man sie mit den Versatzstücken am Ende von a vergleichen konnte Vorführung von Feuerwerkskörpern. Der Empfang und die Ovationen, die das Publikum dem großen Dichter bereitete, der selten in der Öffentlichkeit auftrat, waren unbeschreiblich. Der honigsüße Weihrauch der Orgel, Harfen und Trompeten war für ihn neu und erfreute seine olympischen Nasenlöcher.

„Essen Sie heute Abend mit mir", sagte er zu mir. Und von diesem Tag an speiste ich oft informell mit M. und Mme. bei ihm. Lockrou, Meurice, Vacquerie und andere enge Freunde. Das Essen war köstlich und unprätentiös, und die Unterhaltung war dieselbe. Der Meister saß am

Kopfende des Tisches, zu beiden Seiten sein Enkel und seine Enkelin, und sagte wenig, aber immer etwas Passendes. Dank seiner Kraft, seiner kräftigen, sonoren Stimme und seiner ruhigen, guten Laune wirkte er nicht wie ein alter Mann, sondern eher wie ein zeitloses und unsterbliches Wesen, das die Zeit niemals berühren würde. Seine Anwesenheit war gerade Jupiter-ähnlich genug, um Respekt zu erwecken, ohne seine Anhänger abzuschrecken. Diese kleinen Zusammenkünfte, die ich sehr schätzte, gehören zu den wertvollsten Erinnerungen meines Lebens.

Leider vergeht die Zeit, und dieser feine Intellekt, der immer ungetrübt gewesen war, begann Anzeichen von Verirrung zu zeigen. Eines Tages sagte er zu einer italienischen Delegation: „Die Franzosen sind Italiener; die Italiener sind Franzosen. Franzosen und Italiener sollten gemeinsam nach Afrika gehen und die Vereinigten Staaten von Europa gründen."

Die roten Strahlen der Dämmerung kündigten die bevorstehende Nacht an.

Wer sie sah, wird seine grandiosen Bestattungszeremonien, den mit einem Kreppschleier bedeckten Sarg unter dem Arc de Triomphe und die riesige Menschenmenge, die dem größten Lyriker des Jahrhunderts huldigte, nie vergessen.

Es gab ein Komitee zur musikalischen Vorbereitung und ich war Mitglied. Es wurden die außergewöhnlichsten Ideen vorgeschlagen. Ein Mann wollte die *Marseillaise* in Moll haben. Ein anderer wollte Geigen, denn „Geigen erzeugen im Freien eine hervorragende Wirkung." Natürlich haben wir nichts erreicht.

Die große Prozession begann in perfekter Ordnung, aber wie bei allen langen Prozessionen gab es Lücken. Ich war erstaunt, mich mitten auf den Champs Elysées wiederzufinden, auf einem weiten, offenen Platz, und niemand war in meiner Nähe außer Ferdinand de Lesseps, Paul Bert und einem Mitglied der Académie, dessen Namen ich nicht nennen werde, da er allen möglichen Respekt verdient.

De Lesseps war damals auf dem Höhepunkt seines Ruhms und wurde von Zeit zu Zeit mit Applaus begrüßt, wenn er vorbeiging.

Plötzlich beugte sich der Akademiker vor und flüsterte mir ins Ohr:

„Offensichtlich applaudieren sie uns."

KAPITEL IV

DIE GESCHICHTE EINER OPÉRA-COMIQUE

Junge Musiker beklagen sich oft, und nicht ohne Grund, über die Schwierigkeiten ihrer Karriere. Es ist vielleicht nützlich, sie daran zu erinnern, dass ihre Älteren nicht immer auf rosigen Beinen saßen und dass sie allzu oft gegen Wind und See ankämpfen mussten, nachdem sie ihre besten Jahre im Hafen verbracht hatten, ohne einen Anfang machen zu können. Diese Hindernisse sind häufig das Ergebnis der schlimmsten Art von Böswilligkeit, obwohl es im besten Interesse aller ist – sowohl der Theater, die sie abweisen, als auch des Publikums, das sie ignoriert –, ihnen zu erlauben, mit vollen Segeln aufzubrechen.

Eine der brillantesten Rezensionen aus dem Jahr 1864 machte zu diesem Thema folgende Bemerkungen:

Unsere wirkliche Pflicht – und das ist eine wahre Güte – besteht nicht darin, sie (Anfänger) zu ermutigen, sondern sie zu entmutigen. In der Kunst ist eine Berufung alles, und eine Berufung braucht niemanden, denn Gott hilft. Was nützt es, sie und ihre Bemühungen zu ermutigen, wenn das Publikum sich hartnäckig weigert, ihnen Aufmerksamkeit zu schenken? Wenn man bei einem von ihnen ein Stück in Auftrag gibt, wird es nicht aufgeführt. Zwei oder drei Jahre später wird dasselbe erneut versucht, mit demselben Ergebnis. Kein Theater, selbst wenn es viermal so stark subventioniert würde wie das Théâtre-Lyrique, könnte mit solchen Mitteln weiter existieren. Das Ergebnis ist also, dass sie sich anerkannten Talenten zuwenden und Männer von außerhalb wie Gounod, Felicien David und Victor Massé hinzuziehen. Die jüngeren Komponisten schreien sofort Verrat und Skandal. Dann wählen sie Meisterwerke von Mozart und Weber aus, und es gibt dieselben Aufschreie und Beschuldigungen. Wo sind letztlich diese jungen genialen Komponisten? Wer sind sie und wie heißen sie? Lassen Sie sie ins Orchester gehen und *Le Nozze di Figaro*, *Obéron*, *Freischütz* und *Orphée hören* … wir tun etwas für sie, indem wir ihnen solche Vorbilder vorführen.

Zu den jungen Komponisten, die man auf diese Weise höflich bat, Platz zu nehmen, gehörten unter anderem Bizet, Delibes, Massenet und der Verfasser dieser Zeilen. Massenet und ich hätten uns damit zufrieden gegeben, ein Ballett für die Oper zu schreiben. Er schlug Den *Rattenfänger* nach einem alten deutschen Märchen vor, während ich *Une nuit de Cléopâtra* nach einem Text von Théophile Gautier vorschlug. Sie verweigerten uns diese Ehre, und als sie einwilligten, bei Delibes ein Ballett in Auftrag zu geben, wagten sie nicht, ihm das ganze Werk anzuvertrauen. Sie ließen ihn nur einen Akt singen, und den anderen übergaben sie einem ungarischen Komponisten. Da das Experiment gelang, erlaubten sie Delibes, seine wunderbare *Coppélia ohne Hilfe zu schreiben* . Doch Delibes hatte den berechtigten Ehrgeiz, eine große Oper zu schreiben. So weit kam er nie.

Die Pariser Oper

Bizet und ich waren gute Freunde und erzählten uns gegenseitig von all unseren Sorgen. „Du bist weniger unglücklich als ich", sagte er mir immer. „Für die Bühne kann man noch etwas anderes machen. Ich kann nicht. Das ist meine einzige Ressource."

Pêcheurs de Perles aufführte – er wurde dabei von mächtigen Einflüssen unterstützt –, kam es zu einem allgemeinen Aufschrei und einem Ausbruch von Beschimpfungen. Der Teufel selbst direkt aus der Hölle hätte keinen schlechteren Empfang erhalten. Wie wir wissen, wurde *Carmen* später auf die gleiche Weise empfangen.

Ich konnte tatsächlich neben meiner Bühnenarbeit noch etwas anderes tun, und gerade das verschloss mir die Bühne. Ich war Komponist von Symphonien, Organist und Pianist, wie sollte ich also eine Oper schreiben können? Die Qualitäten, die einen Pianisten ausmachen, standen im Greenroom besonders schlecht da. Bizet spielte bewundernswert Klavier, aber er wagte es nie, in der Öffentlichkeit zu spielen, aus Angst, seine Position zu verschlechtern.

Macbeth für Madame Viardot zu schreiben . Natürlich zog er es vor, Verdis *Macbeth* aufzuführen . Es war ein völliger Misserfolg und kostete ihn dreißigtausend Francs.

Sie versuchten, eine gewisse Prinzessin, eine Kunstmäzenin, für mich zu interessieren. „Wie", antwortete sie, „ist er mit seiner Position nicht zufrieden? Er spielt die Orgel in der Madeleine und das Klavier bei mir zu Hause. Reicht ihm das nicht?"

Aber das reichte mir nicht und um die Hürden zu überwinden, verursachte ich einen Skandal. Im Alter von 28 Jahren nahm ich am *Prix de Rome teil*! Sie gaben es mir nicht mit der Begründung, ich brauche es nicht, aber am Tag nach der Auszeichnung bat Auber, der mich sehr mochte, Carvalho um ein Libretto für mich. Carvalho gab mir *Le Timbre d'Argent* , mit dem er nichts anzufangen wusste, da mehrere Musiker sich geweigert hatten, es anzufassen. Dafür gab es gute Gründe, denn trotz einer hervorragenden musikalischen Grundlage wies das Libretto gravierende Mängel auf. Ich forderte von den Autoren Barbier und Carré, wichtige Änderungen vorzunehmen, was sie auch sofort taten. Dann zog ich mich auf die Höhen von Louveciennes zurück und schrieb in zwei Monaten die Partitur der fünf Akte, die das Werk zunächst hatte.

Ich musste zwei Jahre warten, bis Carvalho einwilligte, die Musik anzuhören. Schließlich waren sie von meinen Aufdringlichkeiten erschöpft und beschlossen, mich loszuwerden. Carvalho lud mich ein, mit ihm zu Abend zu essen und meine Partitur mitzubringen. Nach dem Essen ging ich zum Klavier. Carvalho saß auf der einen Seite und Madame Carvalho auf der anderen. Beide waren sehr nett und charmant, aber die wahre Bedeutung dieser Freundlichkeit entging mir nicht.

Sie hatten keine Zweifel darüber, was sie erwartete. Beide liebten die Musik wirklich und nach und nach gerieten sie in ihren Bann. Auf die falsche Freundlichkeit folgte ernsthafte Aufmerksamkeit. Am Ende waren sie begeistert. Carvalho erklärte, er werde so bald wie möglich mit dem Studium des Werks beginnen; es sei ein Meisterwerk; es werde großen Erfolg haben, aber um diesen Erfolg sicherzustellen, müsse Madame Carvalho die Hauptrolle singen.

Nun ist die Hauptrolle in *Le Timbre d'Argent* die einer Tänzerin und die des Sängers ist stark untergeordnet. Um das zu ändern, beschlossen sie, die Rolle weiterzuentwickeln. Barbier erfand eine hübsche Situation, um die Passage *Bonheur est chose légère einzubringen* , aber das war nicht genug. Barbier und Carré zerbrachen sich den Kopf, ohne eine Lösung für das Problem zu finden, denn auf der Bühne wie auch anderswo gibt es Probleme, die nicht gelöst werden können.

Zwischendurch versuchten sie, eine erstklassige Tänzerin zu finden. Schließlich fanden sie eine, die die Oper vor kurzem verlassen hatte, obwohl sie noch immer auf dem Höhepunkt ihrer Schönheit und ihres Talents war. Und sie suchten weiterhin nach einer Möglichkeit, die Rolle der Hélène Madame Carvalhos würdig zu machen.

Der berühmte Regisseur hatte eine Manie. Er wollte bei jedem von ihm inszenierten Werk mitwirken. Sogar ein durch Zeit und Erfolg geheiligtes Werk musste sein Zeichen tragen; viel größer waren seine Gründe, ein neues Werk einzubauen. Er würde brüsk verkünden, dass der Zeitraum oder das Land, in dem die Handlung des Werkes stattfand, geändert werden müsse. Er hat uns lange gequält, um auf Rechnung seiner Frau aus der Tänzerin eine Sängerin zu machen. Später wollte er einen zweiten Tänzer vorstellen. Mit Ausnahme des Prologs und des Epilogs spielt sich die Handlung des Stücks im Traum ab, und er hat es sich zur Aufgabe gemacht, die bizarrsten Kombinationen zu erfinden. Er schlug mir sogar eines Tages vor, wilde Tiere vorzustellen. Ein anderes Mal wollte er die gesamte Musik mit Ausnahme der Chöre und der Tänzerrolle herausschneiden und den Rest von einer Theatergruppe spielen lassen. Später, als sie Hamlet in der Oper probten, gab es Gerüchte, dass Mlle. Nilsson wollte eine Wasserszene spielen, er wollte, dass Madame Carvalho auf den Grund eines Beckens ging, um die tödliche Glocke zu finden.

Solche Dummheiten dauerten zwei Jahre.

Schließlich gaben wir die Idee von Mme. auf. Carvalhos Zusammenarbeit. Die Rolle der Hélène wurde der schönen Mademoiselle übertragen. Schroeder und die Proben begannen. Sie wurden durch das Scheitern des Théâtre-Lyrique unterbrochen.

Kurz darauf bat Perrin um *Le Timbre d'Argent* für die Opéra. Die Adaption des Werkes für die große Bühne der Opéra erforderte erhebliche Umbauten. Der gesamte Dialog musste vertont werden und die Autoren machten sich an die Arbeit. Perrin gab uns Madame Carvalho für Hélène und Faure für Spiridion, aber er wollte die Rolle für den Tenor burlesken und sie Mlle. geben. Wertheimber. Er wollte sie engagieren und hatte keine andere Rolle für sie. Das war unmöglich. Nach mehreren Diskussionen gab Perrin den hartnäckigen Weigerungen der Autoren nach, aber ich sah an seiner Haltung deutlich, dass er unser Werk niemals spielen würde.

Ungefähr zu dieser Zeit übernahm du Locle die Leitung der Opéra-Comique. Er sah, dass Perrin, sein Onkel, beschlossen hatte, *Le Timbre d'Argent nicht aufzuführen* , und bat mich darum.

Dies bedeutete eine weitere Metamorphose für das Werk und eine neue und bedeutende Arbeit für den Musiker. Und diese Arbeit war keineswegs einfach. Bis zu diesem Zeitpunkt waren Barbier und Carré ebenso enge Freunde wie Orestes und Pylades, doch nun gerieten sie in Streit. Was der eine vorschlug, lehnte der andere systematisch ab. Einer lebte in Paris; der andere im Land. Ich bin von Paris aufs Land und vom Land nach Paris gegangen und habe versucht, diese verfeindeten Brüder zu einer Einigung zu bewegen. Dieses Hin und Her dauerte den ganzen Sommer, und dann einigten sich die vorübergehenden Feinde und wurden so freundlich wie eh und je.

Wir schienen fast am Ende unserer Probleme zu sein. Du Locle hatte in Italien eine wunderbare Tänzerin gefunden, auf die wir uns verlassen konnten, aber die Tänzerin war gar keine. Sie war eine *Mimin* und tanzte nicht.

Da in dieser Saison keine Zeit war, nach einer anderen Tänzerin zu suchen, ließ mich du Locle, um meine Geduld zu bewahren, zusammen mit Louis Gallet *La Princesse Jaune schreiben* , mit dem ich mein Bühnendebüt gab. Ich war fünfunddreißig! Dieses harmlose kleine Werk wurde mit heftigster Feindseligkeit aufgenommen. „Es ist unmöglich zu sagen", schrieb Jouvin, ein gefürchteter Kritiker der Zeit, „in welcher Tonart oder in welcher Zeit die Ouvertüre geschrieben ist." Und um mir zu zeigen, wie sehr ich mich irrte, sagte er mir, das Publikum sei „eine Mischung aus Winkeln und Schatten". Seine Prosa war sicherlich noch undurchsichtiger als meine Musik.

Endlich war in Italien eine richtige Tänzerin engagiert. Es schien, als könne nichts mehr das Erscheinen des unglücklichen *Timbre verhindern* . „Ich kann es nicht glauben", sagte ich. „Eine Katastrophe wird uns wieder davon abhalten."

Der Krieg ist gekommen!

Als diese schreckliche Krise vorüber war, wurde der Tänzer wieder engagiert. Die Rollen wurden den Künstlern vorgelesen, und am nächsten Tag gab Amédé Achard seine Rolle auf und erklärte, sie gehöre zur großen Oper und überschreite die Fähigkeiten eines Opéra-Comique-Tenors. Es ist bekannt, dass er seine Karriere an der Oper beendete.

Es musste ein anderer Tenor gefunden werden, aber Tenöre sind seltene Vögel und wir konnten keinen finden. Um den von ihm engagierten Tänzer einzusetzen, ließen du Locle Gallet und Guiraud einen kurzen Akt, *Le Kobold* , *improvisieren* , der großen Erfolg hatte. Der Tänzer war exquisit. Dann verlor du Locle das Interesse an *Le Timbre d'Argent* und dann kam der Misserfolg der Opéra-Comique.

Während all dieser Schwierigkeiten bereitete ich *Samson vor* , obwohl ich niemanden fand, der mich auch nur davon sprechen hören wollte. Alle dachten, ich müsse verrückt sein, mich an ein biblisches Thema zu wagen.

Ich gab eine Vorführung des zweiten Akts bei mir zu Hause, aber niemand verstand ihn. Ohne die Hilfe von Liszt, der keine einzige Note davon kannte, mich aber beauftragte, es fertigzustellen und in Weimar aufzuführen, hätte *Samson* nie das Licht der Welt erblickt. Später wurde es nacheinander von Halanzier, Vaucorbeil, Ritt und Gailhard abgelehnt, die sich erst dafür entschieden, es anzunehmen, nachdem sie es von der bewundernswerten Sängerin Rosine Bloch gesungen gehört hatten.

Doch zurück zu *Le Timbre d'Argent* . Ich war wieder auf der Straße mit meiner Partitur unter dem Arm. Etwa zu dieser Zeit belebte Vizentini das Théâtre-Lyrique neu. Sein erstes Stück war *Paul et Virginie* , ein wunderbarer Erfolg, und zum Saisonschluss bereitete er ein weiteres Werk vor, das ihm gefiel. Im Ministerium der Schönen Künste war man mir gegenüber freundlich gesinnt und interessierte sich für mein Unglück. So gab man dem Théâtre-Lyrique eine kleine Subvention unter der Bedingung, dass mein Werk gespielt wurde. Ich kam ins Theater als jemand, der sich eingemischt hat, und erkannte schnell die Unannehmlichkeiten meiner Lage. Zuerst suchte man einen Sänger, dann einen Tenor, und man versuchte es bei mehreren, ohne Erfolg. Ich fand einen Tenor, der allen Berichten zufolge erstklassig war, aber nach mehreren Verhandlungstagen wurde die Sache fallen gelassen. Später erfuhr ich von dem Künstler, dass der Manager beabsichtigte, ihn nur für vier Vorstellungen zu engagieren, offenbar mit dem Plan, das Werk nur viermal zu spielen.

Die Wahl fiel schließlich auf Blum. Er hatte eine schöne Stimme und war ein perfekter Sänger, aber kein Schauspieler. Er sagte sogar, er wolle kein Schauspieler werden; sein Ideal sei es, mit weißen Handschuhen aufzutreten. Jeder Tag brachte neue Streitereien. Sie nahmen trotz meiner Wünsche Kürzungen vor; sie überließen mich der Gehorsamsverweigerung und Unhöflichkeit des Bühnenmanagers und des Ballettmeisters, die nicht einmal auf meine bescheidensten Vorschläge hörten. Die Kosten für zusätzliche Musiker in den Kulissen musste ich selbst tragen. Einige Bühnenbilder, die ich für den Prolog haben wollte, wurden für unmöglich erklärt – ich habe sie später in *Hoffmanns Erzählungen gesehen* .

Darüber hinaus war das Orchester sehr gewöhnlich. Es mussten zahlreiche Proben stattfinden, die sie mir nicht verweigerten, sondern die sie nutzten, um die Meldung zu verbreiten, dass meine Musik unspielbar sei. Ein noch lebender junger Journalist (ich werde seinen Namen nicht nennen) verfasste zwei Vorankündigungen, die den Weg für das Scheitern meiner Arbeit ebnen sollten.

Im letzten Moment erkannte der Regisseur, dass er auf dem falschen Weg war und möglicherweise Erfolg haben könnte. Da sie im Theater am Square des-Arts-et-Métiers Märchenland gespielt hatten, hatte er das nötige Material zur Hand, um mir ohne großen Aufwand ein luxuriöses Bühnenbild zu bieten. Mlle. Caroline Salla bekam die Rolle der Hélène. Mit ihrer Schönheit und ihrer großartigen Stimme war sie sicherlich bemerkenswert. Aber die Passagen, die für die leichte hohe Sopranistin von Madame Carvalho geschrieben worden waren, waren für eine dramatische Sopranistin schlecht geeignet. Sie kamen daher zu dem Schluss, dass ich nicht wusste, wie man Vokalmusik schreibt.

Trotz allem war das Werk ein ausgesprochener Erfolg, das natürliche Ergebnis einer großartigen Aufführung, in der zwei Stars glänzten – Melchissedech und Mlle. Adeline Théodore, derzeit Tanzlehrerin an der Oper.

Armer Vizentini! Seine Meinung über mich hat sich seither sehr verändert. Wir lernten uns kennen und lieben, und so wurde er im Laufe der Jahre zu einem meiner besten und ergebensten Freunde. Er inszenierte zuerst mein Ballett *Javotte am Grand-Théâtre in Lyon, das die Brüsseler Monnaie bestellt und dann abgelehnt hatte. Er träumte davon, die Opéra-Comique zu leiten und dort Le Timbre d'Argent* zu etablieren . Das Schicksal wollte es anders.

Wir haben gesehen, wie die junge französische Schule im Kaiserreich gefördert wurde. Die Situation hat sich verbessert und der alte Zustand ist nie wieder zurückgekehrt. Aber wir finden mehr als nur die Analogie zwischen dem alten Standpunkt und dem, der vor nicht allzu langer Zeit offenbart wurde, als die französischen Musiker sich darüber beklagten, dass sie zugunsten ihrer ausländischen Zeitgenossen mehr oder weniger geopfert wurden. Im Grunde ist es derselbe Geist in abgewandelter Form.

Wieder aufzunehmen. Wie jeder weiß, führt der Weg zum Schmied über die Arbeit in einer Schmiede. Das Sitzen im Schatten bringt nicht die Erfahrung mit sich, die Talente fördert. Wir hätten die großen Tage des italienischen Theaters nie erlebt, wenn Rossini, Donizetti, Bellini und Verdi sich unserem Regime unterziehen mussten. Hätte Mozart mit der Produktion seiner ersten Oper bis zu seinem vierzigsten Lebensjahr warten müssen, hätten wir nie *Don Giovanni* oder *Le Nozze di Figaro bekommen* , denn Mozart starb mit fünfunddreißig.

Die Bizet und Delibes auferlegte Politik hat uns sicherlich mehrere Werke vorenthalten, die heute zu den Glanzstücken des Repertoires der Opéra und der Opéra-Comique gehören würden. Das ist ein irreparables Unglück; etwas, das wir nicht genug beklagen können.

KAPITEL V

LOUIS GALLET

Da *Déjanire* in neuer Gestalt wieder im riesigen Rahmen der Opernbühne aufgetreten ist, darf ich mich vielleicht an meinen Freund und Mitarbeiter Louis Gallet erinnern, den eifrigen und auserwählten Gefährten meiner besten Jahre, dessen Unterstützung mir so lieb und teuer war. Aus mir unbekannten Gründen ist Zusammenarbeit missbilligt. Die Oper, so heißt es, soll dem Gehirn entspringen wie Minerva, voll bewaffnet. Umso besser, wenn sich solch göttliche Geister finden lassen, aber sie sind selten und werden es immer sein. Denn dramatische und literarische Kunst einerseits und musikalische Kunst andererseits erfordern unterschiedliche Fähigkeiten, die normalerweise nicht in derselben Person vorhanden sind.

Ich traf Louis Gallet zum ersten Mal im Jahr 1871. Camille du Locle, der damals Intendant der Opéra-Comique war, konnte *Le Timbre d'Argent nicht aufführen* und wartete auf bessere Tage, die nie kamen, um dies zu tun , er bot mir einen Einakter an. Er schlug Louis Gallet als meinen Mitarbeiter vor, obwohl ich ihn bis dahin noch nicht kannte. „Ihr wurdet dazu gebracht, einander zu verstehen", sagte er mir. Gallet war damals in irgendeiner Funktion im Beaujon-Krankenhaus angestellt und lebte in meiner Nähe im Faubourg Saint-Honoré. Wir gewöhnten uns bald daran, uns jeden Tag zu sehen. Du Locle hatte richtig geurteilt. Wir hatten den gleichen Geschmack in Kunst und Literatur. Wir waren gleichermaßen abgeneigt gegen alles, was zu theatralisch ist, aber auch gegen alles, was nicht theatralisch genug ist, gegen das Alltägliche und das allzu Extravagante. Wir verabscheuten beide den einfachen Erfolg und verstanden uns wunderbar. Gallet war kein Musiker, aber er genoss und verstand Musik und kritisierte mit selten gutem Geschmack.

Japan war kürzlich für Europäer geöffnet worden. Japan war in Mode; Sie sprachen nur über Japan, es war ein echter Wahnsinn. So kam uns die Idee, ein japanisches Stück zu schreiben. Wir haben die Idee du Locle vorgelegt, aber er hatte Angst vor einem rein japanischen Bühnenbild. Er wollte, dass wir den japanischen Teil mildern, und ich glaube, er war es, der die Idee hatte, ihn halb japanisch und halb niederländisch zu machen, so wie das leichte Werk *La Princesse Jaune* besetzt war.

Das war erst der Anfang und in unseren täglichen Gesprächen skizzierten wir die kühnsten Projekte. Die führenden Konzertsäle der damaligen Zeit scheuten sich nicht davor, große Vokalwerke aufzuführen, wie sie es heute nur allzu häufig tun, was zu einem großen Nachteil für die Vielfalt ihrer Programme führt. Damals dachten wir, wir stünden am Anfang des

Aufschwungs des französischen Oratoriums, das nur noch Ermutigung brauchte, um zu gedeihen. Ich habe zufällig in einer alten Bibel diesen wunderbaren Satz gelesen:

„Und es reute den Herrn, dass er den Menschen auf der Erde erschaffen hatte", und so schlug ich Gallet vor, eine Sintflut zu machen. Zuerst wollte er die Charaktere einführen. „Nein", sagte ich, „fassen Sie die biblische Erzählung in einfache Verse, und ich werde den Rest erledigen." Wir wissen, mit welcher Sorgfalt und welchem Erfolg er diese heikle Aufgabe erledigte. In der Zwischenzeit gab er Massenet die Texte für *Marie-Madeleine* und *Le Roi de Lahore* , und diese beiden Werke erregten großes Aufsehen in der Opernwelt.

Wir träumten von einer historischen Oper, denn wir hatten keinerlei Vorurteile gegen diese Form des Dramas, die die heutige Schule befallen. Aber ich war für die Direktoren keine *Persona Grata* und wusste nicht, an welche Tür ich klopfen sollte, als einer meiner Freunde, Aimé Gros, die Leitung des Grand-Théâtre in Lyon übernahm und mich um eine Arbeit bat. Das war eine gute Gelegenheit und wir haben sie genutzt. Mit Mühe, aber mit unendlichem Eifer haben wir unsere historische Oper *Etienne Marcel* zusammengestellt , in der Louis Gallet sich bemühte, die Tatsachen der Geschichte so weit wie möglich in einem Theaterwerk zu respektieren. Trotz illustrer gegenteiliger Beispiele glaubte er nicht, dass es legitim sei, einer Figur, die tatsächlich gelebt hat, Handlungen und Meinungen zuzuschreiben, die völlig phantasievoll sind. Darin, wie auch in so vielen anderen Dingen, war ich mit ihm völlig einer Meinung. Ich gehe sogar noch weiter und kann mich nicht an die queeren Soßen gewöhnen, in denen legendäre Charaktere oft serviert werden. Mir scheint, dass die Legende das Interessante ist und nicht die Figur, und dass diese ihren ganzen Wert verliert, wenn die Legende, die sie umgibt, zerstört wird. Aber jeder weiß, dass ich ein Spinner bin.

Einige Zeit nach meinem *Henri VIII* , für den mir Vaucorbeil einen weiteren Mitarbeiter aufgedrängt hatte, bat mich Ritt um ein neues Werk. Wir suchten gerade nach einem Thema, als Gallet zu mir nach Hause kam und schüchtern, als fürchte er eine Abfuhr, *Benvenuto Cellini* vorschlug. Ich hatte schon lange daran gedacht, und mir war die Idee gekommen, jenes schöne Drama, das seine ruhmreichsten Stunden gehabt hatte, in dem Mélingue vor dem Volk die Statue der Hebe modellierte, in Musik zu verwandeln. Ich nahm den Vorschlag daher gern an. Durch dieses Unterfangen kam ich mit Paul Meurice in Kontakt, den ich seit meiner Kindheit kannte, als er um Mlle. Granger warb, seine erste Frau und eine enge Freundin meiner Mutter. Paul Meurice verriet mir ein Geheimnis: Der Alexander Dumas zugeschriebene Roman *Ascanio* stammte vollständig von Meurice. Das Werk war ein großer Erfolg, und aus Dankbarkeit bot Dumas Meurice seine Hilfe an, aus der Romanze ein Drama zu konstruieren, das nur Meurice unterzeichnen sollte.

Wer Dumas' Dramen kennt, wird also leicht Spuren seiner Handarbeit in *Benvenuto Cellini finden* .

Es war nicht besonders einfach, aus dem Stück eine Oper zu machen, und Gallet und ich arbeiteten mit erheblichen Schwierigkeiten zusammen daran. Wir erkannten bald, dass wir die berühmte Szene des Statuengusses eliminieren mussten. Als wir diesen Punkt des Stücks erreichten, hatte Benvenuto bereits viel gesungen, und diese Szene mit ihrer Gewalt schien die Kräfte des tapfersten Künstlers mit Sicherheit zu übertreffen. Im Zusammenhang mit unserer *Proserpine* wurde mir vorgeworfen, dass ich annahm, Vacquerie sei genial. Es wäre übertrieben zu sagen, dass er ein Genie war, aber er hatte auf jeden Fall großes Talent. Seine Prosa zeigte eine klassische Raffinesse, und seine Poesie war trotz fantastischer Passagen, die niemand bewundern konnte, klangvoll im Ton, enthielt wertvolles Material und war sowohl interessant als auch äußerst individuell. Was mich an *Proserpine faszinierte* , war die Menge an inneren Emotionen, die in dem Drama steckte, was der Musik sehr zugute kam. Musik verleiht Gefühlen Ausdruck, die die Figuren nicht ausdrücken können, und betont und entwickelt die Bildhaftigkeit des Stücks; es macht akzeptabel, was ohne es nicht einmal existieren würde.

Vacquerie war von der von Gallet erfundenen Klosterszene begeistert. Sie brachte eine ruhige und friedliche Note in die Gewalt des Originalwerks. Gallet schrieb ein Sonett in alexandrinischen Versen für Sabatinos Liebeserklärung. Ich war nicht imstande, es zu vertonen, denn die zwölf Verse waren mir peinlich und hinderten mich daran, richtig in Schwung zu kommen. Da ich nicht wusste, was ich sonst tun sollte, nahm ich das Sonett und verkürzte den Vers mit aller Gewalt auf zehn Verse mit einer Zäsur am fünften Vers. Ich brachte es meinem lieben Mitarbeiter voller Angst und Zittern, und wie ich befürchtet hatte, verfiel er sofort in tiefe Verzweiflung.

„Das war das Beste an meiner Arbeit", sagte er. „Ich habe dieses Sonett gehegt und gepflegt, und jetzt haben Sie es ruiniert."

Angesichts dieser Verzweiflung nahm ich allen Mut zusammen. Da ich zuvor den Vers gekürzt hatte, versuchte ich nun, die Musik zu verlängern. Dann sang ich dem trostlosen Dichter beide Versionen vor.

Und was für ein Wunder! Er war völlig versöhnt, stimmte beiden Versionen zu und wusste nicht, welche er wählen sollte. Wir schlossen mit einem Patchwork ab. Die beiden Vierzeiler sind in Versen von zehn Fuß und die beiden Tierzette in alexandrinischen Versen gehalten.

Auch außerhalb unserer Arbeit waren unsere Beziehungen erfreulich. Wir schrieben einander ständig sowohl in Prosa als auch in Versen; wir bombardierten uns gegenseitig mit Sonetten; Seine Briefe waren manchmal mit Wasserfarben verziert, denn er zeichnete sehr gut und eine seiner Freuden bestand darin, weißes Papier mit Farbe zu bedecken. Gallet zeichnete die Skizzen für die Wüste in *Le Roi de Lahore* und den Kreuzgang in *Proserpine* .

Als Madame Adam die *Nouvelle Revue gründete* , bot sie mir die Stelle eines Musikkritikers an, die ich meiner Meinung nach nicht annehmen sollte. Sie wusste nicht, an wen sie sich wenden sollte. „Nehmen Sie Gallet", riet ich ihr. „Er ist ein versierter Literat. Er ist kein Musiker in dem Sinne, dass er Musik studiert hat, aber er hat die Seele eines Musikers, die viel mehr wert ist." Madame Adam folgte meinem Rat und fand ihn gut.

Zu dieser Zeit waren in der Musikkritik unter dem Deckmantel des Wagnerismus die wildesten Theorien und die extravagantesten Behauptungen im Umlauf. Gallet war von Natur aus ausgeglichen und unabhängig und tat nicht das, was die anderen taten. Stattdessen widersetzte er sich ihnen, doch da er nicht bereit war, unnötigen Anstoß zu erregen, zeigte er in seiner Kritik ausgeprägtes Taktgefühl und Diskretion. Dies nützte ihm jedoch nichts, denn es weckte kein Gefühl der Dankbarkeit, und ohne ihm einen unter Librettisten seltenen literarischen Stil zuzuschreiben, empfanden seine Zeitgenossen jedes seiner Werke mit einer Feindseligkeit, die weder Gerechtigkeit noch Gnade enthielt. Gallet spürte diese Feindseligkeit deutlich. Er hatte das Gefühl, dass er es nicht verdient hatte, da er bei seiner Arbeit so viel Sorgfalt walten ließ und bei seiner Kritik so viel Höflichkeit an den Tag legte. Der leere Vers, den er in *Thaïs* mit bewundernswertem Respekt für Farbe und Harmonie verwendete und darauf vertraute, dass die Musik den Reim ersetzen würde, wurde nicht geschätzt. Dieser Vers war frei von Assonanzen und den Banalitäten, die er in Opernwerke mit sich bringt, behielt aber den Rhythmus und den sonoren Klang bei, der weit von Prosa entfernt ist. Damals gab es nichts als Lob für Alfred Ernsts Kauderwelsch, obwohl das eine Beleidigung sowohl für die französische Sprache als auch für die Meisterwerke war, die er zu übersetzen wagte. Gallet verwendete denselben leeren Vers in *Déjanire* , obwohl seine Verwendung hier umstrittener war, aber er handhabte ihn mit überraschendem Geschick. Nachdem dieser Text nun vertont wurde, zeigt er seine ganze Schönheit.

Louis Gallet widmete einen großen Teil seiner Zeit Verwaltungsaufgaben, denn er war nacheinander Schatzmeister und Leiter von Krankenhäusern. Dennoch schuf er eine Fülle von Werken. Er hinterließ nicht weniger als vierzig Opernlibretti, Theaterstücke, Romanzen, Memoiren, Pamphlete und unzählige Artikel. Ich wünschte, ich wüsste, was ich über den Mann selbst sagen sollte, seine unermüdliche Güte, seine Loyalität, seine Gewissenhaftigkeit, seinen guten Humor, seine Originalität, seinen ständigen gesunden Menschenverstand und seinen Intellekt, der für alles Ungewöhnliche und Interessante wachsam war.

Was für gute Gespräche wir hatten, wenn wir unter einer Laube in dem großen Garten speisten, der sein Liebling in Lariboisière war! Ich brachte ihm Samen mit, und er machte damit amüsante botanische Experimente.

Er war in einer Phase seines Lebens schwer krank. Seine Frau – eine Heilige – pflegte ihn wunderbar und er ertrug die langen und grausamen Leiden mit der Geduld eines Heiligen. Er beobachtete den Fortgang seiner tödlichen Krankheit mit einem Stoizismus, der den Weisen der Antike würdig war, und machte sich keine Illusionen über die unerbittliche Krankheit, die langsam aber sicher zu seinem frühen Tod führen würde. Seine größte Plage war seine ständig zunehmende Taubheit. Diese grausame Krankheit hatte erschreckende Fortschritte gemacht, als die Arènes de Béziers 1899 zum zweiten Mal ihre Türen für *Déjanire öffneten* . Trotz allem, auch trotz seines schlechten Gesundheitszustands, der die Reise sehr schmerzhaft machte, wollte er sein Werk noch einmal sehen. Er hörte jedoch nichts – weder die Künstler, noch die Chöre, noch nicht einmal den Applaus der mehreren tausend Zuschauer, die es enthusiastisch wiederholten. Er verstarb wenig später und hinterließ in den Herzen seiner Freunde und an den Arbeitstischen seiner Mitarbeiter eine Lücke, die nicht zu füllen ist.

Die Uraufführung von *Déjanire* in Les Arènes de Béziers

KAPITEL VI

GESCHICHTE UND MYTHOLOGIE IN DER OPER

Bei der Diskussion über die Frage, ob die Themen von Opern der Geschichte oder der Mythologie entnommen werden sollten, wurden Unmengen von Tinte vergossen, und die Frage ist immer noch umstritten. Meiner Meinung nach wäre es besser gewesen, wenn die Frage nie gestellt worden wäre, denn die Antwort ist kaum von Belang. Es lohnt sich nur, ob die Musik gut und die Arbeit interessant ist. Aber *Tannhäuser* , *Lohengrin* , *Tristan* und *Siegfried* tauchten auf und die Frage kam auf. Man sagt uns, dass die Helden der Mythologie mit einem Prestige ausgestattet sind, das historische Charaktere niemals haben können. Ihre Taten verlieren an Bedeutung und an ihre Stelle treten ihre Gefühle, ihre Emotionen, zum großen Vorteil der Opern. Nach diesen Werken erschien jedoch *Hans Sachs* (Die Meistersinger), und obwohl er keineswegs mythisch ist, ist er dennoch eine gute Figur. Aber in diesem Fall ist die Handlung von geringer Bedeutung, denn das Interesse liegt hauptsächlich auf den Emotionen – das Einzige, wie es scheint, was Musik mit ihrer göttlichen Sprache ausdrücken sollte.

Es ist wahr, dass Musik es ermöglicht, dramatische Handlungen zu vereinfachen, und dass sie auch eine Chance für den freien Ausdruck und das Spiel von Gefühlen, Emotionen und Leidenschaften bietet. Darüber hinaus ermöglicht Musik pantomimische Szenen, die sonst nicht möglich wären, und die Musik selbst fließt unter solchen Bedingungen leichter. Das heißt aber nicht, dass solche Bedingungen für die Musik unabdingbar sind. Musik bietet in ihrer Flexibilität und Anpassungsfähigkeit unerschöpfliche Ressourcen. Geben Sie Mozart ein Märchen wie die *Zauberflöte* oder eine schwungvolle Komödie wie *Le Nozze di Figaro* , und er schafft mühelos ein unsterbliches Meisterwerk.

Es stellt sich die Frage, ob es einen wesentlichen Unterschied zwischen Geschichte und Mythologie gibt. Die Geschichte besteht aus dem, was wahrscheinlich passiert ist; Mythologie dessen, was wahrscheinlich nicht passiert ist. Es gibt Mythen in der Geschichte und Geschichte in Mythen. Mythologie ist lediglich die alte Form der Geschichte. Jeder Mythos hat seine Wurzeln in der Wahrheit. Und wir müssen in der Fabel nach dieser Wahrheit suchen, genauso wie wir versuchen, ausgestorbene Tiere aus den Überresten zu rekonstruieren, die uns die Zeit bewahrt hat. Hinter der Geschichte von Prometheus sehen wir die Erfindung des Feuers; Hinter den Lieben von Ceres und Triptolemus verbergen sich die Erfindung des Pfluges und die Anfänge der Landwirtschaft. Die Abenteuer der Argonauten zeigen uns die ersten Versuche von Erkundungsreisen und der Entdeckung von

Goldminen. Es wurden Bände über die Wahrheiten hinter den Fabeln geschrieben und Erklärungen für die seltsamsten Tatsachen der Mythologie gefunden, sogar für die Metamorphosen, die Ovid so poetisch beschrieb.

Auf halbem Weg zwischen Geschichte und Mythologie liegen die heiligen Schriften. Jede Rasse hat ihre eigenen. Unsere sind das Alte und das Neue Testament. Viele glauben, dass diese Bücher Mythen sind; eine größere Zahl – die Gläubigen – glauben, dass sie Geschichte sind, heilige Geschichte, die einzig wahre Geschichte – die einzige, an der kein Zweifel geäußert werden darf. Wenn Sie einen Beweis dafür wollen, erinnern Sie sich daran, dass vor nicht allzu vielen Jahren ein Geistlicher der Church of England von seinen kirchlichen Vorgesetzten gerügt wurde, weil er in einer Predigt zu behaupten wagte, dass die Schlange im Garten Eden ein Symbol und kein reales Geschöpf sei.

Und die kirchlichen Autoritäten hatten recht. Die Grundlage des Christentums ist die Erlösung – die Menschwerdung und das Opfer Gottes selbst, um den Makel der ersten großen Sünde auszulöschen und den Menschen das Himmelreich zu öffnen. Diese Erbsünde war Adams Sündenfall, als er dem Beispiel Evas folgte, ein Opfer der heimtückischen Ratschläge der Schlange wurde und das Gebot missachtete, nicht von der verbotenen Frucht zu essen. Beseitigen Sie den Garten Eden, die Schlange, die verbotene Frucht, und das gesamte Gefüge des Christentums zerfällt.

Wenn wir uns der profanen Geschichte zuwenden und uns irgendein historisches Werk vornehmen, stellen wir fest, dass die Fakten so erzählt werden, dass sie uns unbestreitbar erscheinen. Aber wenn wir dieselben Fakten aus der Feder eines anderen Historikers lesen, erkennen wir sie nicht mehr wieder. Der Grund dafür ist, dass ein Schriftsteller sich fast nie der Aufgabe stellt, mit dem Riesen Geschichte zu ringen, es sei denn, er wird durch eine vorgefasste Meinung, eine allgemeine Auffassung oder ein System, das er etablieren möchte, dazu gezwungen. Und ob er will oder nicht, er sieht die Fakten in einem Licht, das seiner vorgefassten Meinung zuträglich ist, und betrachtet sie durch Prismen, die ihre Bedeutung nach seinem Belieben erhöhen oder verringern. Dann ist es fraglich, ob er die Wahrheit jemals erreichen wird, egal wie groß sein Urteilsvermögen und wie stark sein Wunsch ist, sie zu erreichen. In der Geschichte wie auch anderswo entgeht der Menschheit die absolute Wahrheit. Ludwig XIV., Ludwig XV., Madame de Maintenon, Madame de Pompadour, Ludwig XVI., selbst Napoleon und Josephine, die unserer Zeit so nahe stehen, sind bereits quasi-mythische Charaktere. Bis vor kurzem schien der Ludwig XIII. von *Marion de Lorme* zutreffend zu sein, doch jüngste Entdeckungen zeigen uns, dass er ganz anders war.

Napoleon III. regierte erst gestern, aber sein Bild ist bereits in verschiedenen Farbtönen gemalt. Meine gesamte Jugend fiel unter seine Herrschaft und meine Erinnerungen stellen ihn weder als das von Victor Hugo dargestellte Monster noch als den freundlichen, mitfühlenden Herrscher der heutigen Geschichten dar.

Über die Ursachen, die den Krieg von 1870 auslösten, wurde viel diskutiert. Wir wissen alles, was in den letzten Tagen dieser Krise gesagt und getan wurde, aber wird jemals jemand wissen, was in den Köpfen der Herrscher verborgen war? die Minister und die Botschafter? Wird jemals bekannt sein, ob der Kaiser Gramont oder Gramont den Kaiser provoziert hat? Wussten sie es überhaupt? Es gibt eine Sache, die selbst der anspruchsvollste Historiker niemals erreichen kann: die Tiefen der menschlichen Seele.

Möglicherweise erfahren wir jedoch die Geheimnisse des Grabes. Lange Zeit wurde behauptet, die sterblichen Überreste von Voltaire und Rousseau seien exhumiert, geschändet und in die Kanalisation geworfen worden. Victor Hugo hat darüber einen wunderbaren Bericht geschrieben – einen Bericht, wie nur er schreiben konnte. Eines schönen Tages kamen unerwartet Zweifel an diesem Vorfall auf. Nach langem Warten beschloss man, der Sache auf den Grund zu gehen, und schließlich öffneten sie die Särge der beiden großen Männer. Sie schliefen friedlich ihren letzten Schlaf. Die Tat hat nie stattgefunden; seine Geschichte war ein Mythos.

In diesem Zusammenhang muss Victor Hugos Leichtgläubigkeit erwähnt werden, denn sie war bei einem Mann von solch kolossalem Genie erstaunlich. Er glaubte an die unglaublichsten Dinge, wie den „Mann mit der eisernen Maske", den Zwillingsbruder von Ludwig XIV.; an den Oktopus, der keinen Mund hat und sich durch seine Arme ernährt; und an die Realität der japanischen Sirenen, die die Japaner angeblich aus einem Affen und einem Fisch gemacht haben. Er hatte eine gewisse Entschuldigung für die Sirenen, da die Académie des Sciences für kurze Zeit an sie glaubte.

Wenn das, was man Geschichte nennt, der Mythologie so nahe kommt, dass man sie oft mit ihr verwechseln kann, wie steht es dann mit der Romantik und dem historischen Drama, in dem völlig fantasievolle Ereignisse zwangsläufig einen Platz finden müssen? Was ist mit den langwierigen Gesprächen in Büchern und auf der Bühne, die historischen Personen zugeschrieben werden? Was ist mit den ihnen zugeschriebenen Handlungen, die nicht wahr sein müssen, sondern nur so zu sein scheinen? Das Übernatürliche ist das Einzige, was fehlt, um solche Werke in jeder Hinsicht mythologisch zu machen.

Nun lässt sich das Übernatürliche wunderbar in der Musik zum Ausdruck bringen, und Musik findet im Übernatürlichen eine Fülle von Ressourcen. Aber diese Ressourcen sind keineswegs unverzichtbar. Was Musik vor allem haben muss, sind Emotionen und Leidenschaften, die durch das, was wir Situation nennen, offengelegt und in die Tat umgesetzt werden. Und wo findet man mehr oder bessere Situationen als in der Geschichte?

Von der Zeit Lullis bis zum Ende des 18. Jahrhunderts war die französische Oper legendär, das heißt, sie hatte einen mythologischen Charakter und beschränkte sich nicht, wie behauptet wird, auf die Darstellung von Emotionen und inneren Gefühlen, um Zufälligkeiten zu vermeiden. Das wahre Motiv war, in Fabeln Material für ein Schauspiel zu finden. Die Tragödie tut dies, wie wir wissen, nicht, denn sie kann sich nur mit erheblichen Schwierigkeiten entwickeln, wenn die Bühne mit Schauspielern überfüllt ist. Im Gegensatz dazu sucht die Oper, die in ihren Bewegungen frei ist und eine riesige Bühne füllen kann, nach Pomp, Schaustellung und Heiligenscheinen, in denen Götter und Göttinnen erscheinen, eigentlich nach allem, was in ein Bühnenbild gebracht werden kann. Wenn sie kein Lokalkolorit verwendeten, lag das daran, dass das Lokalkolorit noch nicht erfunden war. Schließlich, so wie wir alle alles satt haben, so hatten sie auch die Mythologie satt. Dann wurde das historische Werk übernommen und, wie bekannt ist, mit Erfolg auf der Bühne gezeigt. Die historische Methode hatte keinen Rivalen, bis *Robert le Diable das legendäre Element* eher zaghaft wieder einführte, das später in den Werken Richard Wagners triumphierte.

Inzwischen folgten *Les Huguenots auf Robert le Diable* und waren ein halbes Jahrhundert lang der strahlende Star der historischen Oper. Auch heute noch, obwohl seine Traditionen weitgehend vergessen sind und seine künstlerische Ausführung eher schlechter ist als die einer späteren Zeit, leuchtet dieses denkwürdige Werk überraschend hell wie die untergehende Sonne. Die verschiedenen Generationen, die dieses Werk bewunderten, hatten nicht ganz Unrecht. Es besteht keine Notwendigkeit, diesen brillanten Erfolg als Misserfolg zu bezeichnen, denn Robert Schumann, der keine Ahnung von der Bühne hatte, leugnete seinen Wert. Es ist überraschend, dass Berlioz' Urteil nicht gegen das von Schumann gestellt wurde. Berlioz zeigte seine Begeisterung für *Les Huguenots* in seiner berühmten Abhandlung über Instrumentation.

Das breite Publikum interessiert sich wenig für technische Polemiken und bleibt den alten Erfolgen treu. Obwohl Opern, die auf Legenden basieren, nach und nach Erfolg haben, gibt es immer noch eine Vorliebe für Opern mit historischem Hintergrund. Dies ist nicht ohne Grund, denn wie ein maßgebender Kritiker sagte: „Ein historisches Drama kann weitaus größere lyrische Möglichkeiten enthalten als die meisten armseligen, schwachen mythologischen Libretti, an denen Komponisten ihre Kraft verschwenden, in der festen Überzeugung, dass sie dadurch ‚den heiligen Geist von Bayreuth auf sich herabrufen'.“

Und sie hätten nie im Traum daran gedacht, mythologisch zu sein, wenn ihr Gott, statt sich der skandinavischen Mythologie zuzuwenden, seiner ursprünglichen Absicht gefolgt wäre, die Heldentaten Friedrich Barbarossas zu dramatisieren. In seiner Jugend war er der historischen Oper nicht abgeneigt, denn er lobte *La Musette de Portici*, *La Juive* und *La Reine de Chypre*. Er übte einige berechtigte Kritik am Libretto des letzten Werks, obwohl er zugab, dass es dem Komponisten gelungen war, wunderschöne Passagen zu schreiben.

„Wir können Halévy nicht genug loben“, schrieb er, „für die Festigkeit, mit der er jeder Versuchung widersteht, der viele seiner Zeitgenossen erliegen und sich leichtfertigen Applaus zu erschleichen, indem er sich blind auf das Talent der Sänger verlässt.“ Im Gegenteil verlangt er, dass seine *Virtuosen*, selbst die berühmtesten unter ihnen, sich der erhabenen Inspiration seiner Muse unterordnen. Dieses Ergebnis erreicht er durch die Einfachheit und Wahrheit, die er dramatischen Melodien zu verleihen weiß.“

Das sagte Richard Wagner 1842 über *La Juive*.

Glücklicherweise verlangen wir nicht mehr, dass Opern mythologisch sind, denn wenn wir das täten, müssten wir die berühmten russischen Opern verurteilen, und das steht außer Frage. Die Behandlungsmethode ist jedoch immer noch umstritten, und diese Frage ist kompliziert. Eine Behandlungsmethode wird anerkannt, eine andere nicht, und es ist äußerst schwierig zu unterscheiden, was was ist.

Ich werde jetzt ein kleines Plädoyer für meinen *Henri VIII halten*, was, wie es scheint, nicht die richtige Art ist. Nicht, dass ich die Musik verteidigen oder gegen die Kritik protestieren möchte, die sie hervorgerufen hat, denn das ist nicht angebracht. Aber vielleicht ist es mir gestattet, über das Stück selbst zu sprechen und zu erzählen, wie die Musik darauf abgestimmt wurde.

Den Kritikern zufolge ist *Heinrich VIII.* durch und durch oberflächlich und ohne Tiefe, *„en façade“*; die Seelen der Charaktere werden nicht enthüllt, und der König, der anfangs ganz zuckersüß ist, verwandelt sich plötzlich in ein Monster, ohne dass diese Veränderung vorbereitet wäre oder erklärt worden wäre.

Betrachten wir in diesem Zusammenhang *Boris Godunow*, denn es gibt ein historisches Drama, das zu seiner Musik passt. Ich habe *Boris Godunow* mit großem Interesse gesehen. Ich habe angenehme und eindrucksvolle Passagen gehört, andere weniger. In einer Szene sah ich einen unbedeutenden Mönch, der in der nächsten Szene plötzlich Kaiser wird. Ein ganzer Akt besteht aus Prozessionen, Glockengeläut, Volksliedern und schillernden Kostümen. In einer anderen Szene erzählt eine Amme den ihr anvertrauten Kindern hübsche Geschichten. Dann gibt es ein Liebesduett, das weder eingeführt wird noch irgendeinen Bezug zur Entwicklung des Werks hat; eine unverständliche Abendunterhaltung und schließlich Beerdigungsszenen, in denen Schaljapin bewundernswert war. Es war nicht meine Schuld, wenn ich in all dem nicht das Innenleben, die Psychologie, die Einführungen und die Erklärungen entdeckte, die sie bei *Heinrich VIII. zu vermissen beklagen* .

„Heinrich VIII.", heißt es zu Beginn des Werkes, „ist nichts heilig, weder Freundschaft, Liebe noch sein Wort – sie sind Spielzeuge seiner verrückten Launen." Er kennt weder Gesetz noch Gerechtigkeit." Und als der König wenig später lächelnd dem Botschafter, den er empfängt, das Weihwasser überreicht, offenbart das Orchester die Arbeit seines Geistes, indem es die Musik der vorangegangenen Szene wiederholt. Das Werk ist vom Anfang bis zum Ende auf diese Weise geschrieben. Aber Dissertationen über solche Einzelheiten wurden nicht der Öffentlichkeit zugänglich gemacht; Die Themen Verbrechen, Grausamkeit und Doppelzüngigkeit sowie dies und das wurden nicht, wie es damals üblich ist, hervorgehoben, so dass es den Kritikern zu verzeihen ist, wenn sie sie nicht sehen.

Keine Szene, kein Wort, sagt man, zeige die Seele Heinrichs VIII. Ich möchte fragen, ob sie nicht in der großen Szene zwischen Heinrich und Katharina offenbart wird, in der er mit ihr spielt wie eine Katze mit einer Maus, in der er seinen Wunsch, sie loszuwerden, hinter seinen religiösen Skrupeln verbirgt und in der er sie ständig mit gemeinen und grausamen Unterstellungen überhäuft, oder sogar in der letzten Szene mit ihrer grausamen Heuchelei. Es ist schwer zu verstehen, warum hier nicht all seine Leidenschaften und all seine Gefühle ins Spiel kommen. Die russischen Libretti tun nichts anderes, ebenso wenig wie die Opern, die auf Mythologie basieren.

Aber um weiterzumachen. Aus Sicht der Opernmythologie bietet die Verwendung des Wunderbaren einen Vorteil. Aber der Rest des mythischen Elements bietet eher Schwierigkeiten. Charaktere, die es nie gab und an die niemand glaubt, können nicht an sich interessant gemacht werden. Sie tragen nicht, wie manchmal angenommen wird, zur Musik und Poesie bei. Im Gegenteil, die Musik und die Poesie verleihen ihnen die Realität, die sie besitzen. Wir könnten die endlosen Äußerungen des traurigen Wotan nicht ertragen, wenn es nicht die wunderbare Musik gäbe, die sie begleitet. Orpheus, der über Eurydike weint, würde uns nicht sehr rühren, wenn Gluck es nicht verstanden hätte, uns mit seinen ersten Tönen zu fesseln. Ohne Mozarts Musik wären die Puppen der *Zauberflöte* nichts wert.

Eigentlich sollte es Musikern erlaubt sein, sowohl das Thema als auch die Motive für ihre Opern entsprechend ihrem Temperament und ihren Gefühlen zu wählen. Heutzutage geht viel junges Talent verloren, weil die jungen Komponisten glauben, sie müssten festgelegten Regeln gehorchen, anstatt ihrer eigenen Inspiration zu folgen. Alle großen Künstler, der berühmte Richard mehr als jeder andere, verspotteten die Kritiker.

Da ich von Richard Wagners Jugend gesprochen habe, möchte ich die Gelegenheit nutzen, ein Geheimnis eines seiner eigenen Werke zu lüften, das nur ich kenne. Als Wagner jung war, war ich ein Kind und besuchte ständig die Sitzungen der Société des Concerts. Der Pauker jener Zeit hatte die besondere Angewohnheit, vor dem Rest des Orchesters einzuspringen. Wenn die anderen begannen, erzeugte dies einen Effekt, den die Autoren kaum vorhergesehen hatten und der sicherlich verurteilt werden würde. Aber der Effekt hatte einen ziemlich ausgeprägten Charakter, und ich dachte, man könnte ihn vielleicht nutzen. Richard Wagner lebte damals in Paris und besuchte häufig die berühmten Konzerte. Es besteht kein Zweifel, dass er diesen Effekt bemerkte und ihn in seiner Ouvertüre zu *Faust verwendete* .

KAPITEL VII

KUNST UM DER KUNST WILLEN

Was ist Kunst?

Kunst ist ein Mysterium – etwas, das auf einen besonderen Sinn reagiert, der der Menschheit eigen ist. Gewöhnlich nennt man dies den ästhetischen Sinn, aber das ist ein ungenauer Begriff, denn ästhetischer Sinn bedeutet einen Sinn für das Schöne und was ästhetisch ist, ist nicht unbedingt schön. Sinn für Stil wäre besser.

Einige der wilden Rassen haben diesen Sinn für Stil, denn ihre Waffen und Utensilien zeigen ein bemerkenswertes Stilgefühl, das sie durch den Kontakt mit der Zivilisation verlieren.

Unter Kunst verstehen wir bitte nur die schönen Künste, aber auch die dekorative Kunst. Musik sollte dabei sein.

Ich werde die meisten meiner Leser in Erstaunen versetzen, wenn ich sage, dass nur sehr wenige Menschen Musik verstehen. Für die meisten Menschen ist sie, wie Victor Hugo sagte, ein Hauch von Kunst – etwas für das Ohr, was Parfüm für den Geruchssinn ist, eine Quelle vager Empfindungen, die notwendigerweise ungeformt sind, wie alle Empfindungen. Aber musikalische Kunst ist etwas völlig anderes. Sie hat Linien, Modelle, Farbe durch Instrumenticrung, und all das bildet eine ideale Sphäre, in der manche, wie der Autor dieser Zeilen, von Kindheit an leben, was andere durch Erziehung erlangen, während viele andere es überhaupt nicht kennen. Darüber hinaus hat die musikalische Kunst mehr Bewegung als die anderen schönen Künste. Sie ist die geheimnisvollste von allen, obwohl die anderen geheimnisvoll sind, was leicht zu erkennen ist.

Die erste Manifestation der Kunst erfolgt durch Versuche, Objekte zu reproduzieren. Es gibt solche Versuche, die bis in prähistorische Zeiten zurückreichen. Aber was ist die Idee des primitiven Menschen bei solchen Versuchen? Er möchte mit einer Linie die Kontur des Objekts aufzeichnen, dessen Ähnlichkeit er bewahren möchte. Diese Kontur und diese Linie gibt es in der Natur nicht. Die gesamte Philosophie der Kunst besteht in dieser groben Zeichnung. Sie basiert auf der Natur, selbst wenn sie als Reaktion auf ein besonderes, unerklärliches Bedürfnis des menschlichen Geistes etwas ganz anderes macht. Dementsprechend kann nichts chimärischeres oder eitler sein als der dem Künstler so oft gegebene Rat, wahrhaftig zu sein. Kunst kann niemals wahr sein, auch wenn sie nicht falsch sein sollte. Sie sollte künstlerisch wahr sein, indem sie eine künstlerische Übersetzung liefert, die dem Stilgefühl entspricht, von dem wir gesprochen haben. Wenn die Kunst diesem Stilgefühl genügt, ist das Ziel des künstlerischen Ausdrucks erreicht; mehr kann nicht verlangt werden. Aber es ist nicht die „vergebliche Anstrengung einer unproduktiven Klugheit", wie unser M. de Mun gesagt hat; Es handelt sich um den Versuch, ein berechtigtes Bedürfnis zu befriedigen, eines der erhabensten und ehrenhaftesten der menschlichen Natur: das Bedürfnis nach Kunst.

Wenn das so ist, warum sollten wir dann verlangen, dass Kunst nützlich oder moralisch ist? Auf ihre Weise ist sie beides, denn sie weckt edle und ehrliche Gefühle in der Seele. Das war die Meinung von Théophile Gautier, aber Victor Hugo war anderer Meinung. Die Sonne ist schön, pflegte er zu sagen, und sie ist nützlich. Das ist wahr, aber die Sonne ist kein Kunstobjekt. Außerdem, wie oft hat Victor Hugo seine eigene Doktrin verleugnet, indem er Verse schrieb, die lediglich brillante Beschreibungen oder bewundernswerte Einfälle der Fantasie waren?

Wir sprechen jedoch von Kunst und nicht von Literatur. In der Poesie wird die Literatur zur Kunst, in der Prosa verlässt sie sie jedoch. Auch wenn einige der großen Prosaautoren ihre Prosa durch die Schönheit und Harmonie ihrer Epochen und die Bildhaftigkeit ihrer Ausdrücke künstlerisch gestalteten, ist Prosa dennoch keine Kunst im eigentlichen Sinne. Abgesehen von der groben Unanständigkeit hört also das, was in der Prosa unmoralisch wäre, in der Poesie auf, unmoralisch zu sein, denn in der Poesie folgt die Kunst ihrem eigenen Code und die Form geht über das Thema hinaus. Aus diesem Grund zog ein großer Dichter, Sully-Prudhomme, die Prosa den Versen vor, wenn er philosophisch schreiben wollte, denn er fürchtete, dass seine Ideen nicht ernst genommen würden, weil in der Poesie die Form dem Inhalt überlegen sei. Das erklärt auch, warum Eltern junge Mädchen mitnehmen, um sich eine Oper anzuhören, während sie von der Idee entsetzt wären, wenn dasselbe Stück ohne Musik gespielt würde. Welcher Christ ist jemals von *La Juive* *schockiert* oder welcher Katholik hat Angst vor *Les Huguenots*?

Da Prosa weit von der Kunst entfernt ist, ist sie für die Musik ungeeignet, obwohl diese unpassende Verbindung heute in Mode ist. In der Poesie hat man versucht, sie so künstlerisch zu machen, dass nur noch die Form im Vordergrund steht und Verse geschrieben werden, die völlig sinnlos sind. Aber das ist eine Modeerscheinung, die nicht lange anhalten kann.

Vor einiger Zeit sagte M. de Mun:

„Dem Autor ist es untersagt, Partei zu ergreifen. Kunst ist meiner Ansicht nach eine Darstellung von Ideen. Wenn sie das nicht ist – wenn sie sich ausschließlich auf Überlegungen zur Form beschränkt, auf eine Anbetung der Schönheit um ihrer selbst willen, ohne Rücksicht auf die Taten und Gedanken, die sie ans Licht bringt, dann scheint sie mir nicht besser zu sein als die vergebliche Anstrengung einer unproduktiven Klugheit."

Soweit es um Prosa geht, hat der bedeutende Redner völlig recht, doch hinsichtlich der Poesie können wir ihm nicht zustimmen.

Victor Hugo stellt in seiner wunderbaren Ode „ *La Lyre et La Harpe*" Heidentum und Christentum gegenüber. Jeder spricht der Reihe nach, und der Dichter scheint in seiner letzten Strophe anzuerkennen, dass beide Recht haben, aber das hindert die Ode nicht daran, ein Meisterwerk zu sein. Das wäre in der Prosa nicht möglich, aber im Gedicht trägt die Poesie alles vor sich.

M. Saint-Saëns in seinen späteren Jahren

Warum weigern sich Genies wie Victor Hugo, herausragende Geister, Denker und profunde Kritiker, zu erkennen, dass Kunst eine besondere Einheit ist, die auf einen bestimmten Sinn reagiert? Wenn sich die Kunst wunderbar anpasst, wenn sie sich an die Gebote der Moral und der Leidenschaft hält, genügt sie sich dennoch selbst – und in ihrer Selbstgenügsamkeit liegt ihr Höhepunkt der Größe.

Das erste Präludium von Sebastian Bachs *Wohltemperiertem Klavier* drückt nichts aus und ist dennoch eines der Wunder der Musik. Die Venus von Milo drückt nichts aus und ist dennoch eines der Wunder der Bildhauerei.

Um die Wahrheit zu sagen, muss man hinzufügen, dass Kunst, um nicht unmoralisch zu sein, diejenigen ansprechen muss, die ein Gespür dafür haben. Wo der Künstler nur schöne Formen sieht, sieht der Grobe nur

Nacktheit. Ich habe einen guten Mann erlebt, der beim Anblick von Ingres'
La Source empört war .

So wie Moralität nicht die Funktion hat, künstlerisch zu sein, hat auch Kunst
nichts mit Moral zu tun. Beide haben ihre eigenen Funktionen und sind auf
ihre Weise nützlich. Das Endziel der Moral ist Moralität; das der Kunst Kunst
und nichts anderes.

KAPITEL VIII

POPULÄRE WISSENSCHAFT UND KUNST

René Bazin hat Pasteurs brillante Karriere geschickt skizziert. Frankreich hat keinen klareren Anspruch auf Ruhm als in Pasteur, denn er ist einer der Männer, die es trotz allem in der ersten Reihe der Nationen halten.

Er hatte ein seltenes Glück. Während viele Gelehrte, die nach der Wahrheit suchen, ohne sich um die praktischen Ergebnisse zu kümmern, viele Jahre warten müssen, bis ihre Entdeckungen genutzt werden können, waren Pasteurs Entdeckungen sofort nützlich. Der Pöbel, der Wissenschaft um ihrer selbst willen nicht verstehen kann, schätzte Pasteurs Werke. Er rettete Millionen für die Staatskasse und Zehntausende von Menschenleben.

Er hatte sich bereits einen bemerkenswerten Platz in der Wissenschaft gesichert, als die Öffentlichkeit seinen Namen durch den denkwürdigen Wettbewerb zwischen ihm und Pouchet über die „spontane Generation" erfuhr. Die Wahrscheinlichkeit des Falles lag auf Pouchets Seite. Die Menschen weigerten sich zu glauben, dass diese Organismen, die sich in großer Zahl in einem geschlossenen Gefäß entwickelten, oder dass die Schimmelpilze, die sich unter bestimmten Bedingungen entwickelten, nicht spontan entstanden waren. Die damalige Jugend war über diese Frage völlig aus dem Häuschen.

Ständig wurde ich gefragt: „Sind Sie für Pouchet oder Pasteur?" und meine ausnahmslose Antwort war: „Ich werde für den sein, der beweist, dass er Recht hat." Ich wollte nicht zugeben, dass eine solche Frage *a priori* nach vorgefassten Meinungen gelöst werden könnte, obwohl ich gestehen muss, dass ich unter meinen Freunden niemanden gefunden habe, der derselben Meinung war.

Wir wissen, wie Pasteur durch seine Geduld und sein Genie einen durchschlagenden Sieg errang. Er wies nach, dass Millionen und Abermillionen von Keimen in der Luft um uns herum vorhanden sind und dass, wenn einer von ihnen günstige Bedingungen vorfindet, ein Lebewesen entsteht, das andere hervorbringt. „Viele sind berufen, aber wenige sind auserwählt." Dieses Gesetz mag ungerecht erscheinen, aber es ist eines der großen Naturgesetze.

Pasteur, der große Wohltäter, dessen Entdeckungen so viel für alle Klassen der Gesellschaft bewirkten, hätte populär sein sollen, aber er war im Gegenteil äußerst unbeliebt. Die führenden Publizisten jener Zeit waren von unerklärlichen Gefühlen beeinflusst und führten ständigen Krieg gegen ihn. Als Pasteur nach mehreren Jahren harter Arbeit es wagte, sich durchzusetzen, nutzten sie seinen Vorteil aus, indem er dem Gebot der Menschheit folgte und alle möglichen Fälle, ob heilbar oder nicht, akzeptierte, um das Gerücht zu verbreiten, dass seine Behandlung nicht heilte, sondern verschaffte die Krankheit, die es heilen sollte. Die Wut der Bevölkerung war so groß, dass eine monströse Massenversammlung *gegen* Pasteur abgehalten wurde. Louise Michel sprach bei diesem Treffen mit ihrer üblichen energischen Redekraft und rief unter tosendem Applaus die uneingeschränkte Bemerkung: „ *Wissenschaftliche Fragen sollten vom Volk gelöst werden.* ""

Zu dieser Zeit sprach jeder über Mikroben, und ein Geschäft auf den Boulevards kündigte eine Ausstellung darüber an. Sie verwendeten ein sogenanntes Sonnenmikroskop und zeigten auf einer entsprechend vergrößerten Leinwand die in unreinem Wasser wachsenden Tierchen, die Larven von Moskitos und andere Insekten, die zu Mikroben ungefähr so verwandt sind wie ein Elefant zu einem Floh. Ich ging in dieses Geschäft und sah, wie die einfachen Leute mit ihren Frauen die Ausstellung sehr ernsthaft betrachteten und wirklich glaubten, sie hätten die berühmten Mikroben gesehen. Einer von ihnen neben mir sagte mit wissender Miene: „Was wird die Wissenschaft nicht als Nächstes tun?"

Ich war empört und musste mich zusammenreißen, nicht zu sagen: „Sie täuschen euch. Was sie euch zeigen, ist keine Wissenschaft, höchstens deren Vorzimmer. Und ihr, die ihr diese naiven, guten Leute täuscht, ihr seid bloß Betrüger."

Aber ich schwieg; ich wäre nur hinausgeworfen worden. Aber ich sagte mir – und sage es immer noch – „Warum kläre ich diese Leute nicht auf, die offensichtlich Licht wollen?" Es ist unmöglich, ihnen Wissenschaft *beizubringen* , aber es sollte möglich sein, ihnen zumindest verständlich zu machen, was Wissenschaft *ist* , denn sie haben jetzt keine Ahnung davon. Sie wissen nicht – in dieser Zeit, in der sie ständig über ihre Rechte reden und gedrängt werden, mehr Lohn und weniger Arbeit zu fordern –, dass es junge Leute gibt, die ihre besten Jahre damit verbringen und ein unsicheres Leben führen, Tag und Nacht arbeiten, ohne Hoffnung auf persönlichen Gewinn, ohne ein anderes Ziel im Blick als die Hoffnung, neue Fakten zu entdecken, von denen die Menschheit irgendwann in der Zukunft profitieren könnte. Sie wissen nicht, dass alle Vorteile der Zivilisation, die sie sorglos genießen, das Ergebnis der langen, mühevollen und enormen Arbeit der Denker sind, die sie als Faulenzer und Visionäre betrachten, die durch den Schweiß der Arbeiter reich werden. Mit einem Wort, man sollte ihnen beibringen, dem Respekt zu zollen, was ihn verdient.

Es gibt zwar wissenschaftliche Kongresse, aber das sind seriöse Zusammenkünfte, die nur wenige Auserwählte anziehen. Es sollte möglich sein, jeden zu interessieren, und um wissenschaftliche Tagungen interessant zu gestalten, sollten wir Filme und Konzerte nutzen.

Aber hier konzentrieren wir uns auf die Kunst. Wir sollten den Menschen nicht nur Wissenschaft, sondern auch Kunst beibringen, aber letztere ist schwieriger.

Moderne Völker sind nicht künstlerisch. Die Griechen waren es, und die Japaner waren es vor der europäischen Invasion. Ein künstlerisches Volk erkennt man daran, dass es „Kunstgegenstände" nicht kennt, denn in einer solchen Umgebung ist Kunst überall. Ein Künstlervolk träumt ebenso wenig davon, Kunst zu schaffen, wie ein großer Adliger davon, bewusst ein vornehmes Auftreten an den Tag zu legen. Die Besonderheit liegt in seinem geringsten Manierismus, ohne dass er sich dessen bewusst ist. Unter Künstlervölkern haben also die gewöhnlichsten und bescheidensten Gegenstände Stil. Und dieser Stil steht darüber hinaus in perfekter Harmonie mit dem Zweck des Objekts. Aufgrund seiner Proportionen, der Reinheit seiner Linien, der Eleganz seiner Form, seiner Perfektion in der Ausführung und vor allem seiner Bedeutung ist es für diesen Zweck absolut geeignet. Wenn in diesem Land ein Aufschrei gegen die Hässlichkeit und Schmuddeligkeit bestimmter Gegenstände laut wird, lautet die Antwort: „Aber sehen Sie, wie billig sie sind!" Aber Stil und Gewissen bei der Arbeit kosten nichts. Das Gefühl für Kunst liegt jedoch in der Natur des Menschen. Die Waffen der Naturvölker sind wunderschön. Die prähistorischen Beile der Steinzeit sind in ihren Konturen perfekt. Es geht also nicht darum, bei den Menschen ein Gefühl für Kunst zu wecken, sondern darum, es zu wecken.

Musik nimmt in der modernen Welt einen so wichtigen Platz ein, dass wir damit beginnen sollten. Es gibt jede Menge fröhliche, leicht verständliche Musik, die im Einklang mit den Gesetzen der Kunst steht, und die Menschen sollten sie hören, statt der Schrecken, die sie uns unter dem Vorwand, unseren Geschmack zu befriedigen, in die Ohren stopfen. Was den Menschen am meisten gefällt, ist sentimentale Musik, aber es muss keine alberne Sentimentalität sein. Stattdessen sollten sie den Menschen die bezaubernden Melodien vermitteln, die auf dem weiten Feld der Opéra-Comique so natürlich wachsen wie Gänseblümchen auf einem Rasen. Das ist zwar keine hohe Kunst, aber es ist schöne Musik und hohe Kunst im Vergleich zu dem, was man in den Cafés allzu oft hört. Mir ist nicht unbekannt, dass solche Betriebe talentierte Leute beschäftigen. Aber was hört man neben dem Guten auch für schreckliche Dinge! Und niemand würde sich ihr Instrumentalrepertoire irgendwo anders anhören!

Jedes Mal, wenn jemand versucht hat, die Standards zu erhöhen und echte Sänger und *Virtuosen einzustellen* , ist die Besucherzahl gestiegen. Aber selbst in den Theatern befriedigen die Intendanten sehr oft ihren eigenen Geschmack unter dem Vorwand, den Geschmack des Publikums zu befriedigen. Das ist natürlich zutiefst menschlich. Wir beurteilen andere selbst.

Ein berühmter Manager sagte einmal zu mir, als er auf ein leeres Haus zeigte: „Das Publikum ist großartig." Gib ihnen, was sie wollen, und sie kommen nicht!"

Eines Tages ging ich in einem Garten spazieren. Es gab einen Musikpavillon und Musiker spielten irgendeine Art von Musik. Die Menge war gleichgültig und ging redend vorbei, ohne die geringste Aufmerksamkeit zu schenken. Plötzlich erklangen die ersten Töne des entzückenden *Andante* von Beethovens *Symphonie in D* – eine Frühlingsblume mit zartem Duft. Bei den ersten Tönen hörte alles Gehen und Reden auf. Und die Menge stand regungslos und in einem fast religiösen Schweigen, während sie dem Wunder lauschte. Als das Stück zu Ende war, verließ ich den Garten und hörte in der Nähe des Eingangs einen der Verwalter sagen:
„Sie sehen, sie mögen diese Art von Musik nicht."

Und diese Art von Musik wurde dort nie wieder gespielt.

KAPITEL IX

ANARCHIE IN DER MUSIK

Musik ist so alt wie die menschliche Natur. Anhand der Musik wilder Stämme können wir uns zunächst ein Bild davon machen, was es war. Es gab einige Noten und rudimentäre Melodien mit im Rhythmus geschlagenen Schlägen als Begleitung; oder manchmal die gleichen primitiven Rhythmen ohne Begleitung – und sonst nichts! Dann wurde die Melodie perfektioniert und die Rhythmen wurden komplizierter. Später kamen griechische Musik hinzu, über die wir wenig wissen, und die Musik des Ostens und Fernen Ostens.

Musik, wie wir den Begriff heute verstehen, begann mit den Harmonieversuchen im Mittelalter. Diese Versuche waren mühsam und schwierig, und die Ungewissheit ihrer Versuche, gepaart mit der Langsamkeit ihrer Entwicklung, erregt unser Staunen. Es dauerte Jahrhunderte, bis das Schreiben von Musik präzise wurde, aber langsam wurden Gesetze ausgearbeitet. Dank ihnen entstanden die Werke des 16. Jahrhunderts in all ihrer bewundernswerten Reinheit und gelehrten Polyphonie. Harte und unflexible Gesetze brachten eine der primitiven Malerei analoge Kunst hervor. Die Melodie fehlte fast vollständig und wurde auf Tanzmelodien und populäre Lieder beschränkt. Aber die Tanzmelodien der damaligen Zeit, bei denen die Gelehrsamkeit vielleicht nicht ausreichend zum Einsatz kam, waren im gleichen polyphonen Stil und mit der gleichen strengen Korrektheit geschrieben wie die Madrigale und die Kirchenmusik.

Wir wissen, dass die Volkslieder ihren Weg in die Kirchenmusik fanden und dass Palestrinas große Reform darin bestand, sie zu verbannen. Wir würden jedoch nur eine vage Vorstellung von ihrer Rolle bekommen, wenn wir uns einbildeten, sie gehörten von Natur aus dorthin. Nehmen Sie zum Beispiel eine bekannte Melodie, *Au Claire de la Lune* , und machen Sie jede Note zu einer ganzen Note, die vom Tenor gesungen wird, während die anderen Stimmen im Kontrapunkt hin und her wechseln, und sehen Sie, was vom Lied für den Zuhörer übrig bleibt. Der Skandal von *La Messe de l'Homme armé* war rein theoretischer Natur.

Wir wissen einfach nicht, wie sie diese Hymnen, Messen und Madrigale spielten, da weder der Zeitpunkt noch die Betonung angegeben sind. Wir finden einige Ausdrucksanweisungen, wie in den ersten Takten von Palestrinas *Stabat Mater,* aber solche Anweisungen sind äußerst selten. Sie sind einfach die ersten Anzeichen für den Beginn des fernen Tages der Musik mit Ausdruck. Bestimmte gebildete und wohlmeinende Personen versuchen, diese Musik mit unserer zu vergleichen, und wir überraschen in einigen der modernen Ausgaben mit Fällen von *molto expressivo* , die gute Vermutungen zu sein scheinen. Diese ausschließlich konsonante Musik, in der die Quarzenintervalle als dissonant galten, während die abnehmende Quinte der *diabolus in musica war*, sollte ihrem Wesen nach im Gegensatz zum Ausdruck stehen. Nichts im *Kyrie*, in *La Messe du Pape Marcel*, erweckt den Eindruck eines Gebets, es sei denn, durch Hauptkraft werden ausdrucksstarke Akzente ohne wirkliche Begründung eingeführt.

Der Ausdruck entstand mit dem Dominantseptakkord, aus dem sich die gesamte moderne Harmonie entwickelte. Diese Erfindung wird Monteverde zugeschrieben. Was auch immer gesagt wurde, er kommt in Palestrinas *Adoremus vor*. Unmengen von Tinte wurden zur Diskussion dieser Frage vergossen, wobei einige die Existenz des berühmten Akkords bejahten, andere – und nicht zuletzt mit allen Mitteln – verneinten. Eine Zweideutigkeit ist nicht möglich. Es handelt sich um einen gleichzeitig gespielten Akkord, der einen ganzen Takt lang von vier Stimmen gehalten wird. Sicher ist, dass Palestrina, indem er die Regeln außer Acht ließ, eine Entdeckung machte, deren Bedeutung er nicht erkannte.

Mit der Einführung des Septimenintervalls begann eine neue Ära. Es wäre ein schwerer Irrtum zu glauben, dass die Regeln umgestoßen wurden, denn stattdessen wurden den alten Prinzipien neue hinzugefügt, je nachdem die neuen Bedingungen es erforderten. Man lernte, wie man moduliert, wie man von einer Tonart in die nächste und schließlich in die am weitesten entfernten Tonarten transponiert. In seiner Abhandlung über Harmonie untersuchte Fétis diese Entwicklung auf meisterhafte Weise. Leider war seine Gelehrsamkeit nicht mit tiefem musikalischem Gefühl verbunden. So sah er beispielsweise bei Mozart und Beethoven Fehler, wo es nur Schönheiten gibt, und zwar Schönheiten, die selbst ein ungebildeter Zuhörer – wenn er von Natur aus musikalisch ist – ohne Probleme erkennen wird. Er verstand nicht den gewaltigen Unterschied zwischen dem ungebildeten Menschen, der einen Sprachfehler begeht, und Pascal, dem Erfinder einer neuen Syntax.

Wie dem auch sei, Fétis gab uns einen umfassenden Überblick in groben Zügen der musikalischen Entwicklung bis hin zu dem, was er zu Recht das „omnitonische System" nannte, das Richard Wagner seitdem erreicht hat. „Darüber hinaus", sagte er, „kann ich nichts mehr sehen."

Er hat das A-Tonic-System nicht vorhergesehen, aber darauf sind wir gekommen. Es geht nicht mehr darum, den alten Regeln neue Prinzipien hinzuzufügen, die der natürliche Ausdruck von Zeit und Erfahrung sind, sondern einfach darum, alle Regeln und alle Zwänge beiseite zu schieben.

„Jeder sollte seine eigenen Regeln aufstellen. Musik ist frei und unbegrenzt in ihrer Meinungsfreiheit. Es gibt keine perfekten Akkorde, dissonante Akkorde oder falsche Akkorde. Alle Aggregationen von Notizen sind legitim."

Das nennt man, und sie glauben es, die *Entwicklung des Geschmacks* .

Derjenige, dessen Geschmack durch dieses System entwickelt wird, ist nicht wie der Mann, der durch die Verkostung eines Weins sein Alter und seinen Weinberg erkennen kann, sondern eher wie der Mensch, der mit völliger Gleichgültigkeit guten oder schlechten Wein, Brandy oder Whisky usw. schluckt bevorzugt das, was ihm am meisten in der Speiseröhre brennt. Der Mann, der sein Werk im Sâlon aufhängen lässt, ist nicht derjenige, der zarte Akzente in harmonischen Tönen auf seine Leinwand setzt, sondern derjenige, der Zinnoberrot und Veronesergrün gegenüberstellt. Der Mann mit einem „entwickelten Geschmack" ist nicht derjenige, der es versteht, durch den Übergang von einer Tonart zur anderen neue und unerwartete Ergebnisse zu erzielen, wie es der große Richard in „ *Die Meistersinger" tat* , sondern der Mann, der alle Tonarten aufgibt und Dissonanzen anhäuft den er weder einleitet noch abschließt und der sich dadurch durch die Musik grunzt wie ein Schwein durch einen Blumengarten.

Möglicherweise gehen sie noch weiter. Es scheint keinen Grund zu geben, warum sie auf dem Weg zur uneingeschränkten Freiheit verweilen oder sich auf eine Tonleiter beschränken sollten. Das grenzenlose Reich der Töne steht ihnen zur Verfügung und sie können davon profitieren. Das ist es, was Hunde tun, wenn sie den Mond anbellen, Katzen, wenn sie miauen, und die Vögel, wenn sie singen. Ein Deutscher hat ein Buch geschrieben, um zu beweisen, dass die Vögel falsch singen. Natürlich irrt er sich, denn sie singen nicht falsch. Wenn sie es täten, würde ihr Gesang für uns nicht angenehm klingen. Sie singen außerhalb von Tonleitern und es ist entzückend, aber das ist keine von Menschen gemachte Kunst.

Einige spanische Sänger erwecken einen ähnlichen Eindruck, indem sie endlose Verzierungen singen, die über die Noten hinausgehen. Ihre Kunst ist eine Art Zwischending zwischen dem Gesang der Vögel und dem des Menschen. Es ist keine höhere Kunst.

In manchen Kreisen staunen sie über die Fortschritte, die in den letzten dreißig Jahren erzielt wurden. Die Architekten des 15. Jahrhunderts müssen auf die gleiche Weise argumentiert haben. Sie erkannten nicht, dass sie die gotische Kunst ermordeten und dass wir nach einigen Jahrhunderten zur Kunst der Griechen und Römer zurückkehren mussten.

KAPITEL X

DAS ORGAN

Als der haarige Pan Rohrblätter unterschiedlicher Länge zusammenfügte und so die Flöte erfand, die seinen Namen trägt, erschuf er in Wirklichkeit die Orgel. Man musste dieser Flöte nur noch eine Klaviatur und einen Blasebalg hinzufügen, um eines dieser hübschen Instrumente herzustellen, die die ersten Maler den Engeln in die Hände legten. Während sie sich entwickelte und allmählich zum grandiosesten Instrument wurde, nahm die Orgel, deren Klangtiefe durch die Resonanz der großen Kathedralen verändert und verzehnfacht wurde, ihren religiösen Charakter an.

Die Orgel ist mehr als ein einzelnes Instrument. Sie ist ein Orchester, eine Ansammlung von Panpfeifen jeder Größe, von denen, die so klein sind wie ein Kinderspielzeug, bis zu denen, die so gigantisch sind wie die Säulen eines Tempels. Jede davon entspricht dem, was man als Orgelregister bezeichnet. Die Anzahl ist unbegrenzt.

Die Römer bauten Orgeln, die aus musikalischer Sicht einfach gewesen sein müssen, obwohl ihre mechanische Konstruktion kompliziert war. Sie wurden hydraulische Orgeln genannt. Der Einsatz von Wasser in einem Blasinstrument hat die Kommentatoren sehr verwirrt. Cavaillé-Coll untersuchte die Frage und löste das Problem, indem er zeigte, dass das Wasser die Luft komprimierte. Dieses System war genial, aber unvollkommen, da es nur auf die primitivsten Instrumente anwendbar war. Die Tasten waren anscheinend sehr groß und wurden mit Faustschlägen angeschlagen.

Überlassen wir die Gelehrsamkeit der Kunst und das Primitive den ausgereiften Instrumenten. Zur Zeit von Sebastian Bach und Rameau hatte die Orgel ihren grandiosen Charakter angenommen. Die Register hatten sich vervielfacht und der Organist *rief* sie mittels Registern auf, die er nach Belieben herauszog oder zurückschob. Um mehr Ressourcen bereitzustellen, vervielfachte der Bauherr die Tastaturen. Zur Unterstützung der Tastaturen wurden Pedale eingeführt. Allein in Deutschland gab es zu dieser Zeit Pedale, die diesen Namen verdienten und sich lohnten, einen interessanten Basspart zu spielen. In Frankreich und anderswo wurden die rudimentären Pedale nur für bestimmte Grundtöne oder in verlängerten *Tenutos verwendet* . Niemand außerhalb Deutschlands konnte die Kompositionen von Sebastian Bach spielen.

Das Spielen auf den alten Instrumenten war ermüdend und unangenehm. Der Anschlag war schwer und wenn man sowohl die Pedale als auch die Tastatur benutzte, war ein echter Kraftakt erforderlich. Eine ähnliche

Anzeige war erforderlich, um die Register herauszuziehen oder zurückzuschieben, von denen einige außerhalb der Reichweite des Spielers lagen. Kurz gesagt, es war ein Assistent erforderlich, tatsächlich mehrere Assistenten, um große Orgeln wie die in Harlem oder Arnheim in Holland zu spielen. Es war nahezu unmöglich, die Kombinationen der Haltestellen zu ändern. Alle Nuancen, bis auf den abrupten Wechsel von stark zu weich und umgekehrt, waren unmöglich.

Es blieb Cavaillé-Coll vorbehalten, dies alles zu ändern und der Orgel neue Einsatzgebiete zu eröffnen. Er führte in Frankreich Tastaturen ein, die diesen Namen verdienen, und verlieh den höheren Tönen durch die Erfindung harmonischer Register eine Brillanz, die ihnen gefehlt hatte. Er erfand wunderbare Kombinationen, die es dem Organisten ermöglichen, seine Kombinationen zu ändern und den Ton zu variieren, ohne die Hilfe eines Assistenten und ohne die Tastatur zu verlassen. Schon vor seiner Zeit hatte man sich einen Plan ausgedacht, bestimmte Register in einem Kasten unterzubringen, der durch Fensterläden geschützt war, die ein Pedal nach Belieben öffnen und schließen konnte; Dies ermöglichte feinste Schattierungen. Durch verschiedene Verfahren wurde der Anschlag der Orgel so zart gemacht wie der des Klaviers.

Seit einigen Jahren erfinden die Schweizer Orgelbauer neue Vorrichtungen, die den Organisten zu einer Art Zauberer machen. Die vielfältigen Ressourcen des wunderbaren Instruments stehen ihm zur Verfügung und gehorchen jedem seiner kleinsten Wünsche.

Diese Ressourcen sind erstaunlich. Der Umfang der Orgel übertrifft den aller Instrumente des Orchesters bei weitem. Allein die Violintöne erreichen die gleiche Höhe, allerdings mit geringer Tragkraft. Was die tieferen Töne betrifft, gibt es keine Konkurrenz zu den 92 Fuß langen Pfeifen, die zwei Oktaven unter dem tiefen C des Violoncellos liegen. Vom *Pianissimo*, das fast die Grenze erreicht, wo der Ton aufhört und Stille beginnt, bis hin zu einem beeindruckenden Bereich und erschreckende Kraft, jedes Maß an Intensität kann mit diesem magischen Instrument erreicht werden. Die Vielfalt seiner Klangfarben ist groß. Es gibt Flötenstopps verschiedener Art; Tonregister, die dem Timbre von Saiteninstrumenten nahe kommen; Register zum Bewirken von Veränderungen, bei denen jede aus mehreren Pfeifen gebildete Note gleichzeitig ihre Grund- und Harmoniktöne hervorbringt; Register, die dazu dienen, die Instrumente des Orchesters zu imitieren, wie Trompete, Klarinette, Cremona (ein veraltetes Instrument mit einer ganz eigenen Klangfarbe) und Fagott. Es gibt verschiedene Arten himmlischer Stimmen, die durch die Kombination zweier gleichzeitiger Register erzeugt werden, die nicht perfekt im Einklang gestimmt sind. Dann haben wir die berühmte *Vox Humana*, ein Publikumsliebling, die verlockend ist, obwohl sie zitternd und nasal ist, und wir haben die unzähligen Kombinationen all dieser verschiedenen Register mit den Abstufungen, die durch unbegrenzte Vermischung der Töne erzielt werden können dieser wunderbaren Palette.

Hinzu kommt das kontinuierliche Atmen der Monsterlunge, das den Klängen eine unvergleichliche und unnachahmliche Stabilität verleiht. Um diese Lungen zu füllen, wurden lange Zeit Menschen eingesetzt – Gebläse, die mit Händen und Füßen arbeiteten. Uns geht es jetzt viel besser. Die große Orgel in der Albert Hall in London wird durch Dampf mit Luft versorgt, was dem Organisten eine unerschöpfliche Versorgung sichert. Andere Instrumente verwenden Gasmotoren, die handlicher sind. Dann ist da noch das Hydrauliksystem, das sehr leistungsstark und einfach zu bedienen ist, denn man muss nur einen Stecker herausziehen, um den Balg in Bewegung zu setzen.

Allerdings sind diese mechanischen Systeme nicht völlig unfallfrei. Diese Tatsache entdeckte ich, als ich den ersten Teil des *Adagio* in Liszts großer *Fantaisie* in der wunderschönen Victoria Hall in Genf abschloss . Die Pfeife, die das Wasser hereinführte, platzte und die Orgel verstummte. Ich habe immer geglaubt, vielleicht zu Unrecht, dass Bosheit etwas mit dem Unfall zu tun hatte.

Diese Liszt- *Fantasie* ist das außergewöhnlichste Orgelstück, das es gibt. Es dauert vierzig Minuten und das Interesse hält die ganze Zeit an. So wie Mozart in seiner *Fantaisie et Sonate in c-Moll* das moderne Klavier vorhergesehen hat, so scheint Liszt, als er diese *Fantaisie* vor mehr als einem halben Jahrhundert schrieb, das Instrument der tausend Ressourcen vorhergesehen zu haben, über das wir heute verfügen.

Wir sollten jedoch den Mut haben, zuzugeben, dass diese Ressourcen nur teilweise so genutzt werden, wie sie sein können oder sollten. Um ein großartiges Instrument in all seinen Möglichkeiten nutzen zu können, muss man es zunächst gründlich verstehen, und dieses Verständnis kann man nicht über Nacht erlangen. Die Orgel ist, wie wir gesehen haben, eine Ansammlung einer unbestimmten Anzahl von Instrumenten. Es bietet dem Organisten außergewöhnliche Möglichkeiten, sich auszudrücken. Keine zwei dieser Instrumente sind genau gleich. Die Orgel ist nur ein Thema mit unzähligen Variationen, die durch den Ort, an dem sie installiert werden soll, durch die Höhe des Geldes, das dem Erbauer zur Verfügung steht, durch seinen Erfindungsreichtum und oft auch durch seine persönlichen Launen bestimmt werden. Daher benötigt der Organist Zeit, um sein Instrument gründlich zu erlernen. Danach ist er so frei wie der Fisch im Meer, und seine einzige Sorge gilt der Musik. Um dann frei mit den Farben seiner riesigen Palette zu spielen, gibt es nur einen Weg: Er muss sich mutig in die Improvisation stürzen.

Nun ist die Improvisation der besondere Ruhm der französischen Schule, aber sie wurde in letzter Zeit durch den Einfluss der deutschen Schule schwer beschädigt. Unter dem Vorwand, dass eine Improvisation nicht so gut sei wie eines der Meisterwerke von Sebastian Bach oder Mendelssohn, haben junge Organisten mit dem Improvisieren aufgehört.

Diese Sichtweise ist schädlich, weil sie absolut falsch ist; sie ist schlicht die Negierung der Beredsamkeit. Überlegen Sie, wie der Parlamentssaal, der Hörsaal und das Gericht aussehen würden, wenn nur Standardstücke vorgetragen würden. Wir wissen, dass so mancher Redner und Anwalt, der brillant spricht, beim Schreiben trocken wie Staub wird. Dasselbe passiert in der Musik. Lefébure-Wély war ein wunderbarer Improvisator (ich kann das mit Nachdruck sagen, denn ich habe ihn gehört), aber er hinterließ nur einige unwichtige Kompositionen für die Orgel. Ich könnte auch einige meiner Zeitgenossen nennen, die sich ausschließlich durch ihre Improvisationen ausdrücken. Die Orgel regt zum Nachdenken an. Wenn man die Orgel berührt, wird die Vorstellungskraft geweckt und das Unvorhergesehene steigt aus den Tiefen des Unterbewusstseins auf. Es ist eine eigene, immer neue Welt, die nie wieder gesehen wird und die aus der Dunkelheit hervorkommt, wie eine verzauberte Insel aus dem Meer.

Anstelle dieses Märchenlandes sehen wir allzu oft nur die fortlaufende Wiederholung einiger Stücke von Sebastian Bach oder Mendelssohn. Die Stücke an sich sind sehr schön, aber sie gehören zu Konzerten und sind im Gottesdienst völlig fehl am Platz. Darüber hinaus wurden sie für alte Instrumente geschrieben und sind auf die moderne Orgel entweder gar nicht oder nur schlecht anwendbar. Dennoch gibt es diejenigen, die glauben, dass dieser Glaube Fortschritt bedeutet.

Ich bin mir völlig darüber im Klaren, was man gegen Improvisation sagen kann. Es gibt Spieler, die schlecht improvisieren und deren Spiel uninteressant ist. Aber viele Prediger reden schlecht. Das hat jedoch nichts mit dem eigentlichen Problem zu tun. Eine mittelmäßige Improvisation ist immer erträglich, wenn der Organist die Idee begriffen hat, dass Kirchenmusik mit dem Gottesdienst harmonieren und Meditation und Gebet unterstützen soll. Wenn die Orgelmusik in diesem Sinne gespielt wird und zu harmonischen Klängen führt und nicht zu einer präzisen Musik, die es nicht wert ist, aufgeschrieben zu werden, ist sie dennoch vergleichbar mit den alten Glasfenstern, in denen die einzelnen Figuren kaum zu unterscheiden sind, die aber dennoch charmanter als die schönsten modernen Fenster. Eine solche Improvisation ist möglicherweise besser als eine Fuge eines großen Meisters, basierend auf dem Grundsatz, dass nichts in der Kunst gut ist, wenn es nicht an seinem richtigen Platz ist.

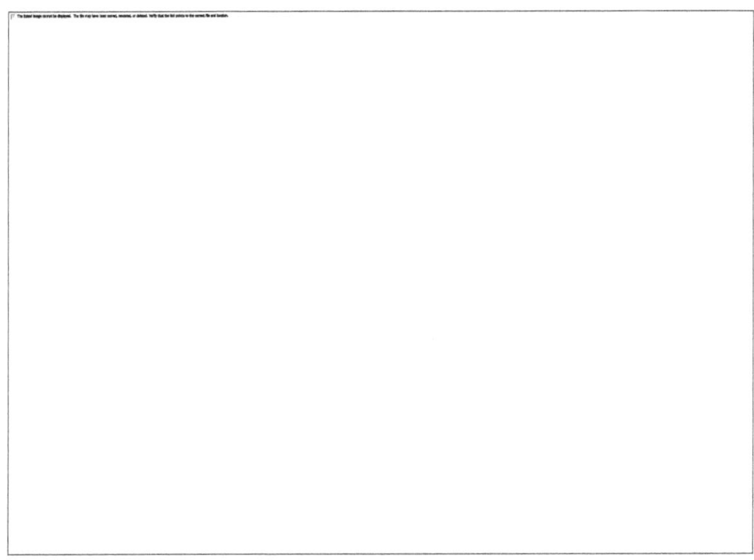

Die Madeleine, wo M. Saint-Saëns zwanzig Jahre lang Orgel spielte

Während der zwanzig Jahre, in denen ich an der Madeleine Orgel spielte, habe ich ständig improvisiert und meiner Fantasie den größtmöglichen Spielraum gegeben. Das war eine der Freuden des Lebens.

Aber es gab eine Tradition, dass ich ein strenger, strenger Musiker war. Dem Publikum wurde vorgegaukelt, dass ich nur Fugen spielte. Dieser Glaube war so aktuell , dass eine junge Frau, die kurz vor der Hochzeit stand, mich anflehte, bei ihrer Hochzeit keine Fugen zu spielen!

Eine andere junge Frau bat mich, Trauermärsche zu spielen. Sie wollte bei ihrer Hochzeit weinen, und da sie keine natürliche Neigung dazu hatte, verließ sie sich darauf, dass die Orgel ihr Tränen in die Augen treiben würde.

Aber dieser Fall war einzigartig. Normalerweise hatten sie Angst vor meiner Strenge – obwohl diese Strenge gemildert war.

Eines Tages unternahm einer der Pfarrer den Versuch, mich in diesem Punkt zu belehren. Er erzählte mir, das Publikum der Madeleine bestehe hauptsächlich aus wohlhabenden Leuten, die regelmäßig die Opéra-Comique besuchten und einen Musikgeschmack hätten, den man respektieren müsse.

„Monsieur l'abbé", antwortete ich, „wenn ich von der Kanzel die Sprache der Opéra-comique höre, werde ich die passende Musik dazu spielen, und nicht vorher!"

KAPITEL XI

JOSEPH HAYDN UND DIE „SIEBEN WORTE"

Joseph Haydn, dieser große Musiker, der Vater der Symphonie und aller modernen Musik, wurde vernachlässigt. Wir neigen zu oft dazu, zu vergessen, dass Konzerte gewissermaßen Museen sind, in denen die älteren Musikschulen vertreten sein sollten. Musik ist mehr als eine Quelle sinnlichen Vergnügens und intensiver Emotionen, und diese Ressource, so kostbar sie auch ist, ist nur eine zufällige Ecke im weiten Bereich der Musikkunst. Wer an einer einfachen Folge gut konstruierter Akkorde, die nur in ihrer Anordnung schön sind, nicht absolute Freude hat, ist kein großer Musikliebhaber. Das Gleiche gilt für denjenigen, der das ohne Abstufungen gespielte erste Präludium des *Wohltemperirte Klaviers* , so wie der Autor es für das Cembalo geschrieben hat, nicht dem gleichen, mit einer leidenschaftlichen Melodie ausgeschmückten Präludium vorzieht; oder wer nicht eine beliebte Charaktermelodie oder einen gregorianischen Gesang ohne Begleitung einer Reihe dissonanter und prätentiöser Akkorde bevorzugt.

Die Dirigenten großer Konzerte sollten die Musik selbst lieben und das Publikum dazu bringen, sie wertzuschätzen. Sie sollten nicht zulassen, dass die Meister in Vergessenheit geraten, denn ihr einziger Fehler bestand darin, dass sie nicht in unserer Zeit geboren wurden und nie im Traum daran dachten, den Geschmack einer ungeborenen Generation zu befriedigen. Die Regisseure sollten vor allem Meistern wie Joseph Haydn Anerkennung zollen, die ihrer eigenen Zeit voraus waren und mitunter zu unserer Zeit zu gehören scheinen.

Die einzigen Beispiele von Joseph Haydns immensem Werk, die der heutigen Generation bekannt sind, sind zwei oder drei Symphonien, die selten und oberflächlich aufgeführt werden. Das heißt, wir kennen ihn überhaupt nicht. Kein Musiker war jemals produktiver oder zeigte einen größeren Reichtum an Vorstellungskraft. Wenn wir diese Juwelenmine untersuchen, sind wir erstaunt, bei jedem Schritt ein Juwel zu finden, das wir der Erfindung irgendeines Modernen zugeschrieben hätten. Wir werden von ihren Strahlen geblendet, und wo wir Schwarz-Weiß-Bilder erwarten, finden wir mit der Zeit verblasste Pastellfarben.

Viele von Haydns 118 Symphonien sind einfache Belanglosigkeiten, die er tagtäglich für die kleine Kapelle des Fürsten Esterházy schrieb, als der Meister dort Musikdirektor war. Doch nachdem Haydn vom Konzertdirektor Salomon nach London gerufen wurde, wo ihm ein großes Orchester zur Verfügung stand, erlebte sein Genie großartige Höhenflüge.

Er schrieb große Symphonien, und in ihnen entfalteten die Klarinetten zum ersten Mal die Möglichkeiten, von denen das moderne Orchester so reichlich profitiert hat. Ursprünglich spielte die Klarinette, wie der Name schon sagt, eine bescheidene Rolle. *Clarinetto* ist die Verkleinerungsform von *Clarino*, und das Instrument wurde erfunden, um die schrillen Töne zu ersetzen, die die Trompete verlor, als diese an Tontiefe gewann.

Alte Ausgaben von Haydns Symphonien weisen eine malerische Gestaltung auf, indem die Besetzung des Orchesters auf der gedruckten Seite angegeben ist. Oben ist eine Gruppe bestehend aus Schlagzeug und Blechbläsern zu sehen. In der Mitte befindet sich eine zweite Gruppe – die Flöten, Oboen und Fagotte, während die Saiteninstrumente unten auf der Seite stehen. Wenn Klarinetten verwendet werden, gehören sie zur ersten Gruppe. Diese hübsche Anordnung wurde in den modernen Ausgaben dieser Symphonien leider nicht übernommen. In den in London entstandenen Werken hat die Klarinette ihren Ursprung völlig vergessen. Es hat die etwas plebejische Welt der Blechbläser verlassen und Eingang in die raffiniertere Gesellschaft der Wälder gefunden. Haydn nutzte bei seinen ersten Versuchen die schönen schweren Töne, das „ *Chalumeau* ", sowie die Flexibilität und den wunderbaren Tonumfang eines wunderschönen Instruments.

Während seines Aufenthalts in London skizzierte Haydn einen *Orfeo*, den er jedoch nie vollendete, da das Theater, das ihn in Auftrag gegeben hatte, vor der Fertigstellung scheiterte. Von dem Werk sind nur Fragmente erhalten, die glücklicherweise in eine Orchesterpartitur eingraviert wurden. Diese Fragmente haben einen unterschiedlichen Wert. Der Dialog oder das Rezitativ, das sie verbinden sollte, ging verloren, und so können wir sie nicht angemessen beurteilen. Unter den Fragmenten befindet sich eine brillante Arie über Eurydike, die ziemlich lächerlich ist, während eine andere über Eurydikes Sterben bezaubernd ist. Wir finden auch Musik für geheimnisvolle *Englischhörner* ; sie ist wie für Klarinetten in B geschrieben und erreicht Höhen, die für das Instrument, das wir heute als Englischhorn kennen, unmöglich sind. Es gibt auch eine wunderschöne Bassstimme. Diese wurde mit lateinischen Texten versehen und wird in Kirchen gesungen. Diese Arie wurde einem Kreon zugewiesen, der in den anderen Fragmenten nicht vorkommt. Eine Szene zeigt Eurydike, wie sie von Dämonen verfolgt die Ufer auf und ab rennt. Eine andere zeigt den Tod von Orpheus, der von den Bacchantinnen getötet wird. Diese Partitur ist eine Kuriosität und nichts weiter, und beim Lesen weckt sie kein Bedauern darüber, dass das Werk nicht vollendet wurde.

Joseph Haydn hatte wie Gluck den seltenen Vorteil, sich ständig weiterzuentwickeln. Den Höhepunkt seines Genies erreichte er erst in einem Alter, in dem die besten Fähigkeiten normalerweise im Niedergang begriffen sind. Er verblüffte die Musikwelt mit seiner *Schöpfung* , in der er eine

Fruchtbarkeit der Fantasie und eine Großartigkeit des Orchesterreichtums an den Tag legte, die das Oratorium noch nie zuvor gekannt hatte. Ermutigt durch seinen Erfolg schrieb er die *Jahreszeiten*, ein kolossales Werk, das abwechslungsreichste und malerischste in der Geschichte der alten und modernen Musik. In diesem Fall ist das Oratorium nicht mehr ausschließlich religiös. Es vermittelt ein kühnes Bild der Natur mit realistischen Akzenten, die auch heute noch verblüffen. Es werden die verschiedenen Geräusche der Natur kunstvoll nachgeahmt, etwa das Rascheln der Blätter, der Gesang der Vögel im Wald und auf dem Bauernhof und die schrillen Töne der Insekten. Vor allem geht es um die musikalische Umsetzung der tiefen Emotionen, die die verschiedenen Aspekte der Natur hervorrufen, wie die Frische der Wälder, die drückende Hitze vor einem Sturm, der Sturm selbst und der wundervolle Sonnenuntergang, der darauf folgt. Dann gibt es einen Jägerchor, der einen ganz anderen Ton anschlägt. Es gibt Weinlese und die darauffolgenden verrückten Tänze. Da ist der Winter, mit einer ergreifenden Einleitung, die uns an Seiten bei Schumann erinnert. Aber seien Sie versichert, der Autor lässt uns nicht der Kälte ausgeliefert. Er führt uns in ein Bauernhaus, wo die Frauen spinnen und die Bauern um das Feuer herumgeführt werden, einer lustigen Geschichte lauschen und maßlos mit einer Fröhlichkeit lachen, die nie übertroffen wurde.

Doch dieses gigantische Werk endet nicht, ohne uns einen Blick in den Himmel zu gewähren, denn mit einem gewaltigen Höhenflug erreicht Haydn die Sphären, in denen Händel und Beethoven vor ihm erschienen. Er gleicht ihnen aus und beendet sein Bild in einem blendenden Lichtglanz.

Es handelt sich um eine Art von Arbeit, die der Öffentlichkeit unbekannt bleibt, obwohl sie sie kennen sollte.

Aber das ist nicht das, was ich ursprünglich sagen wollte. Ich wollte über ein zartes, berührendes, zurückhaltendes und kostbares Werk desselben Autors schreiben – *Die sieben Worte Christi am Kreuz*. Dieses Werk ist in drei Formen erschienen – für Orchester und Chor, für Orchester allein und für Quartett. Als ich jung war, pflegte man in Paris zu sagen, dass dieses Werk ursprünglich für ein Quartett geschrieben, dann für ein Orchester entwickelt und schließlich die Stimmen hinzugefügt wurden.

Der Zufall führte mich einst nach Cádiz, und dort erfuhr ich die wahre Geschichte dieses wunderschönen Werkes. Zu meinem Erstaunen erfuhr ich, dass es erstmals in der Stadt Cádiz aufgeführt worden war. Es wurde sogar von einem Wettbewerb gesprochen, bei dem Haydn den Preis gewann, aber einen solchen Wettbewerb gab es nie. Das Werk wurde beim Autor bestellt, aber die Frage ist, wer es bestellt hat. Zwei religiöse Kreise, die Kathedrale und die Cueva del Rosario, erheben beide Anspruch auf die Initiative. Ich habe alle Beweise in diesem Streit durchgesehen, die für uns wenig von Interesse sind, denn das einzige Interesse gilt der Herkunft der Komposition. Es besteht nicht der geringste Zweifel daran, dass die *Sieben Worte* 1785 ursprünglich für Orchester geschrieben wurden und der Zweck, wie wir sehen werden, vom Autor selbst festgelegt wurde.

In seinen *Memoires pour la Biographie et la Bibliographie de l'ile de Cadix* berichtet Don Francisco de Miton, Marquis de Meritos, dass er mit Haydn korrespondierte und diese Komposition in Auftrag gab, die in der Kathedrale von Cadiz aufgeführt werden sollte. Seinem Bericht zufolge sagte Haydn, dass „die Komposition mehr auf das zurückzuführen war, was Señor Milton schrieb, als auf seine eigene Erfindung, denn sie zeigte jedes Motiv so wunderbar, dass er beim Lesen der Anweisungen die Musik selbst zu lesen schien.“

Wenn der Marquis nicht prahlte, müssen wir zugeben, dass der naive Haydn nicht so naiv war, wie angenommen wurde, und dass er es verstand, seinen Gönnern zu schmeicheln.

1801 veröffentlichten Breitkopf und Härtel das Werk mit den zusätzlichen Gesangsstimmen in Leipzig. Diese Ausgabe hatte ein Vorwort des Autors, in dem er sagte:

Vor etwa fünfzehn Jahren beauftragte mich ein Pfarrer in Cádiz, einige Passagen mit Instrumentalmusik zu den Sieben Worten Christi am Kreuz zu schreiben. Zu dieser Zeit war es Brauch, in der Karwoche ein Oratorium in der Kathedrale zu spielen, und man gab sich große Mühe, so viel Feierlichkeit wie möglich zu vermitteln. Die Wände, die Fenster und die Säulen der Kirche waren schwarz verhüllt und nur ein einziges Licht in der Mitte schien in den Altarraum. Zur Mittagszeit wurden die Türen geschlossen und das Orchester begann zu spielen. Nach der Eröffnungszeremonie betrat der Bischof die Kanzel, sprach eines der „Sieben Worte“ und hielt einige davon inspirierte Worte. Dann stieg er hinab, kniete vor dem Altar nieder und blieb dort einige Zeit. Diese Pause wurde durch die Musik unterbrochen. Der Bischof stieg noch sechsmal auf und ab und jedes Mal wurde nach seiner Predigt Musik gespielt. Meine Musik sollte an diese Zeremonien angepasst werden.

Das Problem, sieben *Adagios zu schreiben* , die nacheinander aufgeführt werden sollten und jeweils zehn Minuten dauern sollten, ohne das Publikum zu ermüden, war nicht leicht zu lösen, und ich erkannte bald, dass es unmöglich war, meine Musik den vorgeschriebenen Beschränkungen anzupassen.

Das Werk wurde ohne Worte geschrieben und gedruckt. Später bot sich die Möglichkeit, Worte hinzuzufügen, so dass das Oratorium, das Breitkopf und Härtel heute veröffentlichen, ein vollständiges Werk ist und, was den Gesangspart betrifft, völlig neu ist.

Die freundliche Aufnahme, die es unter Amateuren erfahren hat, lässt mich hoffen, dass es von der gesamten Öffentlichkeit mit der gleichen Freundlichkeit aufgenommen wird.

Haydn fürchtete, seine Zuhörer zu langweilen. Unsere modernen Barden kennen solche eitlen Skrupel nicht.

Michel Haydn, Josephs Bruder und Autor einiger hochgeschätzter religiöser Kompositionen, wird allgemein die Hinzufügung der Vokalstimmen zu den *Sieben Worten zugeschrieben*. Joseph Haydn hat dies nicht ausdrücklich erwähnt, aber wenn er das Werk selbst geschrieben hätte, hätte er dies vermutlich in seinem Vorwort erwähnt.

Dieser Gesangspart steigert jedoch nicht den Wert des Werks. Und es ist auch nicht sehr wichtig, wer der Autor der Bearbeitung für das Quartett war. Damals gab es viele Amateure, die auf Streichinstrumenten spielten. Sie trafen sich häufig und alles in der Musik wurde für Quartette arrangiert, so wie heute alles für Klavierduett arrangiert wird. Einige von Beethovens Sonaten wurden in dieser Form arrangiert. Das Klavier hat das Quartett getötet, und das ist sehr schade, denn das Quartett ist die reinste Form der Instrumentalmusik. Es ist die erste Form – die Quelle der Hippokrene. Heute trinkt die Instrumentalmusik aus jedem Becher und das Ergebnis ist, dass sie oft betrunken erscheint.

Sieben Worte zurückzukommen. Ihre symphonische Form ist die einzige, die eine Überlegung wert ist. Sie sind auch ohne die Hilfe von Stimmen beredt genug, denn ihr Charme dringt durch. Anders als die *Schöpfung* und die *Jahreszeiten* erfordern sie keine außergewöhnlichen Mittel zur Ausführung, und nichts ist einfacher, als sie zu geben.

Am Karfreitag sind die Opernhäuser geschlossen, und früher war es Brauch, Abendkonzerte zu geben, die vage als „geistliche Konzerte" bezeichnet wurden, weil ihre Programme ganz oder teilweise aus geistlicher Musik bestanden. Dieser gute Brauch ist verschwunden und damit auch die Möglichkeit, dem Publikum so entzückende Werke wie die *Sieben Worte* und so viele andere Dinge zu präsentieren, die mit dem Charakter des Tages harmonieren.

Bei einem dieser geistlichen Konzerte präsentierte Pasdeloup am selben Abend das *Credo* aus Liszts *Missa Solemnis* und das aus Cherubinis *Messe du Sacre*. Liszts *Credo* wurde mit einem Sturm von Zischen aufgenommen, während Cherubinis in höchsten Tönen gelobt wurde. Ich konnte nicht umhin, an die Menschen in Jerusalem zu denken – ich hatte etwas Unrecht, denn Cherubinis Arbeit hat Verdienste –, die Barrabas bejubelten und die Kreuzigung Jesu forderten.

Heute wird Liszts *Credo* mit wildem Applaus aufgenommen – Victor Hugo leistete seinen Teil –, während Cherubinis Credo nie wiederbelebt wird.

KAPITEL XII

DAS 100. JUBILÄUM VON LISZT IN HEIDELBERG (1912)

Liszts 100. Geburtstag wurde überall mit aufwendigen Festlichkeiten gefeiert, am bemerkenswertesten vielleicht in Budapest, wo im großen Dom die *Missa Solemnis gesungen wurde — das allein wäre für den Komponisten schon Ruhm genug gewesen. In Weimar, das Liszt zu Lebzeiten zu einer Art musikalischem Mekka gemacht hatte, gab man eine Aufführung seines zutiefst reizvollen Oratoriums Die Legende von der Heiligen Elisabeth* . Das Festival in Heidelberg war von besonderem Interesse, da es vom Allgemeinen Deutschen Tonkünstlerverband organisiert wurde, den Liszt 50 Jahre zuvor gegründet hatte. Dieser Verein veranstaltet jedes Jahr in einer anderen Stadt ein mehrtägiges Festival. Er nimmt auch ausländische Mitglieder auf, und ich war einmal auf Liszts eigene Einladung hin als Nachfolger Berlioz' Mitglied. Meinungsverschiedenheiten trennten uns, und ich hatte seit Jahren keine Verbindung mehr zum Verein, als man mich bat, an diesem Festival teilzunehmen. Eine Ablehnung wäre auf Missverständnisse gestoßen und ich musste das Angebot annehmen, obwohl die Vorstellung, in meinem Alter neben *Virtuosen* wie Risler, Busoni und Friedheim auf dem Höhepunkt ihres Talents aufzutreten, nicht gerade ermutigend war.

Das Festival dauerte vier Tage und es gab sechs Konzerte – vier mit Orchester und Chor. Sie gaben das Oratorium *Christus* , ein gewaltiges Werk, das die gesamte für ein Konzert vorgesehene Zeit in Anspruch nimmt; die Symphonien Dante und Faust sowie die symphonischen Dichtungen *Ce qu'on entend sur la montagne* und *Tasso* , um nur die wichtigsten Werke zu nennen.

Dem Oratorium *Christus* fehlt die feine Einheit von *Sankt Elisabeth* . Doch haben die beiden Werke gemeinsam, dass sie in eine Reihe separater Episoden unterteilt sind. Während die verschiedenen Episoden in *Sankt Elisabeth* das schwierige Problem lösen, Abwechslung zu schaffen und die Einheit zu bewahren, stehen die Teile von *Christus* in gewisser Weise ohne Zusammenhang. Es ist für jeden Geschmack etwas dabei. Bestimmte Teile sind uneingeschränkt bewundernswert, andere grenzen ans Theatralische, wieder andere sind beinahe oder gänzlich liturgisch und einige sind malerisch, obwohl einige fast verwirrend sind. Wie Gounod ließ sich auch Liszt manchmal täuschen und schrieb gewöhnlichen und einfachen Akkordfolgen eine tiefe Bedeutung zu, die der großen Mehrheit seiner Zuhörer entging. In *Christus gibt es einige Seiten dieser Art* .

Aber es gibt Schönes und Wunderbares in diesem umfangreichen Werk. Wenn wir bedauern, dass der Autor sich zu lange mit seiner Nachahmung der *Pifferari* der römischen Campagna aufgehalten hat, sind wir andererseits von dem symphonischen Zwischenspiel *Les Bergers à la Crèche entzückt*. Es ist sehr einfach, aber in einer unnachahmlichen Einfachheit des Geschmacks, die nur das Geheimnis großer Künstler ist. Es ist überraschend, dass dieses Zwischenspiel nicht im Repertoire aller Konzerte vorkommt.

Die Dante-Symphonie hat sich nicht so in den Repertoires etabliert wie die Faust-Symphonie. Sie wurde zum ersten Mal in Paris bei einem Konzert aufgeführt, das ich zu einer Zeit organisierte und leitete, als Liszts Werken misstraut wurde. Neben der Dante-Symphonie hatten wir das Andante (Gretchen) aus der Faust-Symphonie, die symphonische Dichtung *Fest Klöenge*, ein bezauberndes Werk, das heute nie gespielt wird, und noch andere Werke. Es ist schwer vorstellbar, wie viel Widerstand ich bei diesem Konzert überwinden musste. Da war die Feindseligkeit des Publikums, die Missgunst des Théâtre-Italien, das mir seinen berühmten Saal vermietete, sich aber mürrisch einer ordentlichen Ankündigung des Konzerts widersetzte, die Gehorsamsverweigerung des Orchesters, die Forderungen der Sänger nach mehr Gage – sie dachten, Liszt würde die Kosten tragen – und schließlich der völlige – und erwartete – Misserfolg. Mein einziges Ziel war, einen Grundstein für die Zukunft zu legen, mehr nicht. Trotz allem gelang es mir, eine achtbare Aufführung der Dante-Sinfonie zu erleben und ich hatte das Vergnügen, sie zum ersten Mal zu hören.

Der erste Teil (Inferno) ist mit seinem *Francesca da Rimini*-Zwischenspiel, in dem alle Feuer italienischer Leidenschaft brennen, wunderbar beeindruckend. Der zweite Teil (Fegefeuer und Paradies) vereint den intensivsten und ergreifendsten Charme. Er enthält eine Fugenepisode von unübertroffener Schönheit.

Ce qu'on entend sur la montagne ist vielleicht die beste der berühmten symphonischen Dichtungen. Der Autor ließ sich von Victor Hugos Gedichten inspirieren und gab deren Geist bewundernswert wieder. Wann wird dieses typische Werk in den Konzertrepertoires erscheinen? Wann werden Orchesterleiter es leid, die drei oder vier Wagner-Werke aufzuführen, die sie bis zum *Überdruss wiederholen*, wenn man sie unter besseren Bedingungen in der Oper hören kann, und Schuberts unbedeutende *Unvollendete*.

Das *Christus*-Oratorium wurde beim ersten Konzert des Festivals in Heidelberg aufgeführt. Es dauerte dreieinhalb Stunden und ist so lang, dass ich Konzertmanagern nicht raten würde, ein solches Abenteuer zu wagen. Die Aufführung war erhaben. Sie fand in einem neu errichteten quadratischen Saal statt. Cavaillé-Coll, der sich mit Akustik auskannte, empfahl für Konzerte den quadratischen Saal, aber niemand wollte ihm zuhören. Dreihundert Chorsänger, viele von weitem, wurden von einem

Orchester unterstützt, das zwar groß war, aber meiner Meinung nach nicht ausreichte, um dieser Stimmenmasse standzuhalten. Außerdem war das Orchester wie in einem Theater unterhalb der Bühnenebene platziert, während die Stimmen frei darüber erklangen. Zwei Harfen, eine auf der Ostseite der Bühne und eine auf der Westseite, sahen sich von weitem – ein angenehm dekoratives Mittel, aber für das Ohr ebenso lästig wie für das Auge angenehm. Der Chor und die vier Solisten – ihre Aufgabe war äußerst mühsam – triumphierten vollständig über die Schwierigkeiten dieses riesigen Werks und alle vielfältigen und zarten Nuancen wurden perfekt wiedergegeben.

Liszt war weit davon entfernt, die Begrenztheit der menschlichen Stimme so zu verachten wie Wagner und Berlioz. Im Gegenteil, er behandelte es wie eine Königin oder eine Göttin, und es ist bedauerlich, dass sein Geschmack ihn nicht dazu veranlasste, für die Bühne zu arbeiten. Teile von „*Heilige Elisabeth*" zeigen, dass ihm das gelungen wäre und dass die Mode, Opern für Orchester mit Gesangsbegleitung aufzuführen, wie wir sie heute genießen, hätte vermieden werden können. Er entdeckte eine ganz eigene Methode, Chöre zu schreiben. Seine Art wurde nie nachgeahmt, aber sie ist genial und hat viele Vorteile. Das einzige Problem dabei ist, dass sich die Sänger um Details und Schattierungen kümmern müssen, was allzu oft ihre geringste Sorge ist. Die deutschen Vereine, deren Mitglieder zum Vergnügen singen und nicht für Bezahlung, achten auf Exzesse, wenn es in solchen Dingen überhaupt Exzesse geben kann, und es ist ihr großes Glück, die Interpreten von auf diese Weise geschriebenen Chören zu sein.

Es ist unmöglich, hier eine Analyse dieses umfangreichen Werks zu geben. Wir haben bereits über das reizende Zwischenspiel *Les Bergers à la Crèche gesprochen*. Auf diese Pastorale folgt *Marche des Rois Mages*, ein hübsches Stück, das aber für seinen inneren Wert etwas überentwickelt ist. Die Gesangspartien, *Béatitudes* und *Le Pater Noster*, würden eher in eine Kirche als in einen Konzertsaal passen. Dann folgen einige höchst brillante Seiten, *La Tempête sur le lac de Thibériade* und *Le Mont des Oliviers* mit seinem Baritonsolo und schließlich das *Stabat Mater*, wo große Schönheit mit schrecklicher Länge kombiniert wird. Doch nichts im gesamten Werk beeindruckte mich mehr als Christi Einzug in Jerusalem (Orchester, Chor und Solist), denn die Lesung allein vermittelt keine Vorstellung davon. Hier hat der Autor die Höhe erreicht. Das beschreibt auch die entzückende Wirkung des Kinderchors, der in der Ferne *O Filii et Filiae singt*, mit vollkommenem Geschmack harmonisiert.

Während ich diesem wunderschönen Werk lauschte, musste ich an die großartigen Oratorien denken, die Gounods musikalische Karriere so glorreich krönten. Liszt und Gounod unterschieden sich völlig in ihrem musikalischen Temperament, doch in ihren Oratorien trafen sie auf einer gemeinsamen Basis. In beiden Werken gab es die gleiche Abkehr von den alten Formen des Oratoriums, die gleiche Suche nach Realismus beim Ausdruck des Textes in der Musik, den gleichen Respekt vor der lateinischen Prosodie und den gleichen Glauben an die Einfachheit des Stils. Doch während in der Einfachheit von Liszt, der weltliche Pracht beiseite legte, um das Kleid eines Büßers zu tragen, Verzicht zu erkennen ist, scheint Gounod im Gegenteil mit einer fast heiligen Freude zu seiner ursprünglichen Neigung zurückzukehren. Das ist leicht erklärt. Liszt beendete sein Leben in einer Soutane, während Gounod sein Leben in einer solchen begann. Trotz Liszts überlegener Raffinesse und abgesehen von außergewöhnlichen Leistungen war Gounod in diesem Zweig der Kunst der Sieger. Da es einen *Geruch di femina* gibt , gibt es ein *Parfum d'église* , das den Katholiken gut bekannt ist. Gounods Oratorien sind davon durchdrungen, während es in *Christus zu finden ist* sehr, sehr schwach, wenn überhaupt. Um sie überhaupt in Liszts Werk zu finden, muss die *Missa Solemnis untersucht werden.*

Alle notwendigen Elemente wurden in Heidelberg kombiniert, um eine großartige Inszenierung von Faust und Dante zu schaffen. Das Orchester mit mehr als hundert Musikern war perfekt. Die Zeit, in der es den Blasinstrumenten in Deutschland sowohl an Korrektheit als auch an Klangqualität mangelte, ist vorbei. Aber auch die Dirigenten des Orchesters müssen berücksichtigt werden. Heutzutage sind diese Herren *Virtuosen* . Ihre Persönlichkeiten sind nicht der Musik unterworfen, sondern die Musik ihnen. Es ist das Sprungbrett, auf dem sie auftreten und ihre allumfassende Persönlichkeit zur Schau stellen. Sie ergänzen die Bedeutung des Autors um eigene Erfindungen. Manchmal ziehen sie die Blasinstrumente heraus, so dass die Musiker am Ende eine Phrase schneiden müssen, um zu Atem zu kommen; Wiederum wirken sie mit einer wahnsinnigen und hemmungslosen Geschwindigkeit, die weder Zeit zum Spielen noch zum Hören der Klänge lässt. Sie beschleunigen oder verzögern die Bewegung aus keinem anderen Grund als ihrer individuellen Laune oder weil der Autor sie nicht angegeben hat. Sie spielen Musik von so unorganisiertem Charakter, dass die Musiker völlig verwirrt sind und bei ihrem Auftritt zögern, weil sie nicht in der Lage sind, einen Takt vom anderen zu unterscheiden.

Das entzückende *Purgatoire* ist zu einer tödlichen Langeweile geworden, und der bezaubernde *Mephistopheles* wurde wie von einem Hagelsturm durchsiebt. Da ich mit solchen Exzessen vertraut bin, habe ich die hervorragende Leistung des musikalischen Leiters Wolfrum im großen *Christus*- Konzert besonders zu schätzen gelernt.

Unter den Dirigenten war Richard Strauss, den man nicht wortlos übergangen kann. Sicherlich wird niemand von diesem Künstler Mäßigung und Gelassenheit erwarten oder überrascht sein, wenn er seinem Temperament freien Lauf lässt und ungestört von den Ruinen, die er hinterlässt, zum Sieg reitet. Aber es mangelt ihm weder an Intelligenz noch an Eleganz, und wenn er manchmal zu schnell vorgeht, überbetont er nie die Langsamkeit. Wenn er dirigiert, brauchen wir die Wüste Sahara nicht zu fürchten, in die uns andere manchmal führen. Unter seiner Leitung entfaltete *Tasso* seinen ganzen Reichtum an Möglichkeiten und der juwelenhafte *Mephisto-Walzer* strahlte heller als je zuvor.

Auf die zahlreichen Solisten kann ich nur kurz eingehen. Wir beurteilen oder vergleichen solche Talente wie die von Busoni, Friedheim und Risler weder. Wir geben uns damit zufrieden, sie zu bewundern. Wenn jedoch ein Preis verliehen werden muss, sollte ich ihn Risler für seine meisterhafte Interpretation der großartigen *h-Moll-Sonate verleihen* . Er machte das Beste daraus, in all seiner Kraft und in all seiner Feinheit. Wenn man es auf diese Weise vorträgt, handelt es sich um eine der schönsten Sonaten, die man sich vorstellen kann. Aber eine solche Leistung ist selten, denn sie übersteigt den Standard eines Künstlers. Die Kraft eines Sportlers, die Leichtigkeit eines Vogels, Launenhaftigkeit, Charme und ein perfektes Verständnis für den Stil im Allgemeinen und für den Stil dieses Komponisten im Besonderen sind die Voraussetzungen, die zur Aufführung dieses Werkes erforderlich sind. Für die meisten *Virtuosen* , so talentiert sie auch sein mögen, ist es viel zu schwierig .

Unter den Sängerinnen möchte ich nur Madame Cahier von der Wiener Oper erwähnen. Sie ist eine großartige Künstlerin mit einer wundervollen Stimme und ihre Interpretation mehrerer *Lieder* machte diese wunderbar lohnenswert. Madame Cahier interpretierte die Rolle der Dalila in Wien mit Dalmores, daher kann man sich leicht vorstellen, wie viel Freude es mir bereitete, ihr zuzuhören.

Ein letztes Wort zur Dante-Symphonie. Ich habe irgendwo gelesen, dass Liszt Seiten benutzte, um einen Effekt zu erzielen, den Berlioz bei der Erscheinung des Mephistopheles in „ *Faust* " mit drei Noten erzielte. Dieser Vergleich ist ungerecht. Berlioz' glückliche Entdeckung ist ein Werk des Genies und er allein hätte sie erfinden können. Aber das plötzliche Erscheinen des Teufels ist eine Sache und die Darstellung der Hölle eine ganz andere. Berlioz versuchte eine solche Darstellung am Ende der Verdammnis, und trotz des seltsamen Vokabulars des Refrains „Irimiru Karabrao, Sat raik Irkimour" und anderer hübscher Tricks gelang ihm kein besserer Erfolg als Liszt. Tatsächlich war das Gegenteil der Fall.

KAPITEL XIII

BERLIOZ' REQUIEM

Die Lektüre der Partitur von Berlioz' *Requiem* lässt es besonders altmodisch erscheinen, doch das trifft auf die meisten romantischen Dramen zu, die, wie das *Requiem* , in der tatsächlichen Aufführung besser zur Geltung kommen. Es ist leicht, über die Vehemenz der Romantiker zu schimpfen, aber es ist nicht so einfach, die Wirkung von *Hernani* , *Lucrèce Borgia* und der *Symphonie fantastique* auf das Publikum zu vergleichen. Denn trotz all ihrer Fehler hatten diese Werke einen wunderbaren Erfolg. Die Wahrheit ist, dass ihre Vehemenz aufrichtig und nicht künstlich war. Die Romantiker hatten Vertrauen in ihre Werke und es gibt nichts Besseres als den Glauben, um dauerhafte Ergebnisse zu erzielen.

Reicha und Leuseur waren, wie wir wissen, die Ausbilder von Berlioz. Leuseur war Autor zahlreicher Werke und schrieb zahlreiche Kirchenmusikstücke. Einige seiner religiösen Werke waren wirklich schön, aber er hatte seltsame Obsessionen. Berlioz verehrte seinen Meister sehr und konnte nicht umhin, insbesondere in seinen früheren Werken Spuren dieser Bewunderung zu zeigen. Das ist der Grund für die synkopierten und ruckartigen Passagen ohne Sinn und Verstand, die nur durch seine unbewusste Nachahmung von Leuseurs Fehlern erklärt werden können. Bei der Nachahmung eines Modells treten Ähnlichkeiten in den Fehlern und nicht in den Vorzügen auf, denn letztere sind unnachahmlich. Die herausragenden Leistungen des *Requiems* sind also nicht Leuseur, sondern Berlioz zu verdanken. Er hatte bereits die Fesseln der Schule hinter sich gelassen und zeigte den ganzen Reichtum seiner energischen Originalität, der der Wert seiner Partituren zu verdanken ist.

In seinen *Memoiren* berichtet Berlioz von den Strapazen seines *Requiems* . Es wurde von der Regierung angeordnet, eine Zeit lang beiseite gelegt und schließlich anlässlich der Gefangennahme Konstantins (in Algerien) und der Trauerfeier für General Damrémont im Invalidendom aufgeführt. Er war erstaunt über den Mangel an Sympathie und sogar über die tatsächliche Feindseligkeit, die ihm entgegenschlug. Es wäre noch erstaunlicher gewesen, wenn er etwas anderes erlebt hätte.

Hector Berlioz

Wir müssen bedenken, dass Berton, der *Quand on est toujours vertuex, on aime à voir lever l'aurore sang* , zu dieser Zeit als großer Mann galt. Beethovens Symphonien waren zumindest in Paris eine Neuheit und ein Skandal. Haydns Symphonien inspirierten einen Kritiker zu dem Kommentar: „Was für ein Lärm, was für ein Lärm!" Orchester waren lediglich Ansammlungen von dreißig oder vierzig Musikern.

Wir können uns daher die Verblüffung und das Entsetzen vorstellen, als ein junger Mann, der gerade die Schule abgeschlossen hatte, fünfzig Violinen, zwanzig Bratschen, zwanzig Violoncelli, achtzehn Kontrabässe, vier Flöten, vier Oboen, vier Klarinetten, acht Fagotte, zwölf Hörner und ein … verlangte mindestens zweihundertstimmiger Chor. Und das ist noch nicht alles. Die *Tuba Mirum* erfordert eine Hinzufügung von 38 Trompeten und Posaunen, die in vier Orchester aufgeteilt und in den vier Himmelsrichtungen platziert sind. Außerdem muss es acht Trommelpaare geben, die von zehn Trommlern gespielt werden, vier Tam-Tams und zehn Becken.

Die Geschichte dieser Trommelreihe ist ziemlich interessant. Reicha, Berlioz' erster Lehrer, hatte die ursprüngliche Idee, Trommelschläge in Akkorden von drei oder vier Schlägen zu spielen. Um diesen Effekt auszuprobieren, komponierte er ein Chorstück, *L'Harmonie des Sphères* , *das im Zusammenhang mit seiner Traité d'Harmonie* veröffentlicht wurde . Doch Reichas Genialität reichte für diese Aufgabe nicht aus. Er war ein guter Musiker, aber mehr auch nicht. Sein Chorstück war unbedeutend und blieb ein toter Buchstabe.

Berlioz nutzte diesen verlorenen Effekt und verwendete ihn in seiner *Tuba Mirum* .

Allerdings muss man zugeben, dass dieser Effekt nicht den Erwartungen entspricht. In einer Kirche oder einem Konzertsaal hören wir ein wirres und erschreckendes Durcheinander von Klängen, und von Zeit zu Zeit bemerken wir eine Veränderung in der Tontiefe, sind aber nicht in der Lage, die Tonhöhe der Akkorde zu unterscheiden.

Ich werde nie den Eindruck vergessen, den diese *Tuba Mirum* auf mich machte, als ich sie zum ersten Mal in St. Eustache unter Berlioz' eigener Leitung hörte. Dabei wurden die Anweisungen des Autors völlig missachtet. Der Anfang des Werks ist mit *moderato gekennzeichnet* , später, wenn die Blechbläser einsetzen, wird die Bewegung beschleunigt und wird zu *andante maestro* . Meistens wurde das *moderato als Allegro* und das *andante maestro* als einfaches *moderato* interpretiert . Wäre die fürchterliche Fanfare nicht, wie jemand es zu nennen wagte, zu einem „Aufbruch zur Jagd" geworden, hätte sie durchaus die Begleitung für den Einzug eines Herrschers in seine Hauptstadt sein können. Um dieser Fanfare ihren grandiosen Charakter zu verleihen, floss der Autor nicht einfach in das Wehklagen einer Moll-Tonart ein, sondern er brach in die Pracht einer Dur-Tonart aus. Nur eine gewisse Erhabenheit der Bewegung kann ihre gigantische Qualität und ihren Eindruck von Macht bewahren.

Bei all seinen guten Absichten lässt Berlioz uns durch seine Anhäufung von Blechbläsern, Trommeln, Becken und Tam-Tams einen Eindruck vom Jüngsten Gericht vermitteln und erinnert uns an Thor unter den Riesen, der versucht, das Trinkhorn zu leeren, das es gab aus dem Meer gefüllt, und es gelang ihm nur, es ein wenig zu senken. Doch selbst das war eine Leistung.

Berlioz sprach verächtlich von Mozarts *Tuba Mirum* mit ihrer einzelnen Posaune. „Eine Posaune", rief er, „während hundert nicht zu viel wären!" Berlioz wollte, dass wir die Posaunen der Erzengel wirklich hören. Mozart hat mit den sieben Tönen seiner einen Posaune die gleiche Idee angedeutet, und dieser Vorschlag ist ausreichend.

Wir dürfen jedoch nicht vergessen, dass wir uns hier inmitten einer Welt der Romantik befinden, in einer Welt der Farben und der Bildhaftigkeit, die sich mit so wenig nicht zufrieden geben konnte. Und wir müssen uns dieser Tatsache bewusst sein, wenn uns die Merkwürdigkeiten von *L'Hostias* mit seinen tiefen Posaunentönen, die aus den Tiefen der Hölle zu kommen scheinen, nicht irritieren sollen. Es hat keinen Sinn, herauszufinden, was diese Töne bedeuten. Berlioz hat uns selbst erzählt, dass er diese Töne zu einer Zeit entdeckte, als sie fast unbekannt waren und er sie verwenden wollte. Besonders merkwürdig ist der Kontrast zwischen diesen furchterregenden Tönen und dem Wehklagen der Flöten. Nirgendwo sonst finden wir etwas Vergleichbares.

Das entzückende *Purgatoire* , in dem der Autor einen Chor von Seelen im Fegefeuer sieht, ist viel besser. Sein Fegefeuer kennt weder Strafen noch Kummer außer dem Warten, dem langen und schmerzvollen Warten auf die ewige Glückseligkeit. Es gibt eine Prozession, in der sich Fuge und Melodie auf die glücklichste Weise abwechseln. Es gibt Seufzer und Klagen, alle eindringlich in ihrer extremen Ausdruckskraft, eine große Vielfalt unter einem Anschein von Monotonie und von Zeit zu Zeit zwei Klagetöne. Diese Töne sind immer dieselben, da der Chor sie als Klage vorträgt, und sie sind sowohl ergreifend als auch kunstvoll. Am Ende kommt ein schwacher Licht- und Hoffnungsstrahl. Dies ist der einzige in dem Werk außer dem Amen am Ende, denn Glaube und Hoffnung sollten hier nicht erwartet werden. Die Bitten klingen wie Gebete, die keine Antwort erwarten. Niemand würde es wagen, dieses Werk als profan zu bezeichnen, aber ob es religiös ist oder nicht, ist eine Frage. Wie Boschot sagte, ist es vor allem ein Ausdruck der Angst vor der Vernichtung.

Als das *Requiem* im Trocadéro gespielt wurde, war das Publikum sehr beeindruckt und marschierte langsam hinaus. Es sagte nicht: „Was für ein Meisterwerk!", sondern „Was für ein Orchesterleiter!" Heutzutage gehen die Leute zu einem Dirigenten, der das Orchester dirigiert, genauso wie sie zu einem Tenor gehen, und sie maßen sich das Recht an, die Dirigenten genauso zu beurteilen wie die Tenöre. Aber was für ein schöner Sport! Die Qualitäten eines Orchesterdirigenten, die das Publikum schätzt, sind seine Eleganz, seine Gesten, seine Präzision und die Ausdruckskraft seiner Mimik, die sich alle häufiger an das Publikum als an das Orchester richten. Aber all diese Dinge sind zweitrangig. Was den Wert eines Orchesterdirigenten ausmacht, sind die Vortrefflichkeit der Ausführung, die er von den Musikern erhält, und die perfekte Interpretation der Bedeutung des Autors – die das Publikum nicht versteht. Wenn ein so wichtiges Detail wie die Absicht des Autors verschleiert und missachtet wird, wenn ein Werk durch absurde Bewegungen und einen Ausdruck entstellt wird, der völlig anders ist, als der Autor wollte, kann das Publikum geblendet werden, und ein abscheulicher Dirigent kann, vorausgesetzt seine Posen sind gut, sein Publikum faszinieren und in den Himmel gelobt werden.

Früher grüßte der Dirigent sein Publikum nie. Man ging davon aus, dass das Werk und nicht der Dirigent applaudiert wurde. Die Italiener und Deutschen änderten das alles. Lamoureux war der erste, der diesen exotischen Brauch in Frankreich einführte. Das Publikum war zunächst etwas überrascht, gewöhnte sich aber bald daran. In Italien kommt der Dirigent mit den Künstlern auf die Bühne, um das Publikum zu grüßen. Es gibt nichts Lächerlicheres, als ihn zu sehen, wenn die letzte Note einer Oper verklungen ist, wie er von seinem Pult springt und wie verrückt rennt, um rechtzeitig auf die Bühne zu kommen.

Die vortreffliche Arbeit englischer Chorsänger ist hoch und mit Recht gelobt worden. Vielleicht wäre es gerechter, sie nicht so uneingeschränkt zu loben, wenn wir selbst so streng ins Gericht gehen. Die Gerechtigkeit lässt oft zu wünschen übrig. Auf jeden Fall muss zugegeben werden, dass Berlioz die Stimmen unglücklich behandelt hat. Wie Beethoven machte er keinen Unterschied zwischen einer Stimm- und einer Instrumentalstimme. Obwohl sie, abgesehen von einigen seltenen Passagen, nicht so tief sinkt wie die Gräueltaten, die die grandiose *Messe in D entstellen*, ist die Gesangsstimme des *Requiems* ungeschickt geschrieben. Sänger fühlen sich darin unwohl, denn das Timbre und die Regelmäßigkeit der Stimme vertragen eine solche Behandlung nicht. Die Stimme des Tenors ist so geschrieben, dass man ihm gratulieren kann, dass er sie ohne Unfälle überstanden hat, und mehr kann man von ihm nicht erwarten.

Wie schade, dass Berlioz sich nicht in eine italienische Sängerin verliebte, statt in eine englische Tragödie! Amor hätte ein Wunder vollbringen können. Der Autor des *Requiems* hätte nichts von seinen guten Qualitäten eingebüßt, aber er hätte vielleicht das gewinnen können, was man, mangels einer besseren Formulierung, den Fingersatz der Stimme nennt, die Kunst, sie intelligent zu handhaben und sie nachgeben zu lassen, ohne sie zu stimmen Anstrengung, die beste Wirkung zu erzielen, zu der es fähig ist. Aber Berlioz hatte sogar eine Abscheu vor der italienischen Sprache, so musikalisch diese auch ist. Wie er in seinen *Memoiren sagte*, verbarg ihm diese Abneigung den wahren Wert von *Don Juan* und *Le Nozze di Figaro*. Man fragt sich, ob er wusste, dass sein Idol Gluck nicht nur bei seinen ersten Werken, sondern auch bei *Orphée* und *Alceste Musik zu italienischen Texten schrieb*. Und ob er wusste, dass die Arie „ *O malheureuse Iphigenie* " ein italienisches Lied war, das schlecht ins Französische übersetzt wurde. Vielleicht wusste er in seiner Jugend nichts davon, denn Berlioz war ein Genie, kein Gelehrter.

Das Wort Genie erzählt die ganze Geschichte. Berlioz hat schlecht geschrieben. Er misshandelte Stimmen und erlaubte sich manchmal die seltsamsten Freaks. Dennoch ist er eine der herausragenden Persönlichkeiten der Musikkunst. Seine großartigen Werke erinnern an die Alpen mit ihren Wäldern, Gletschern, Sonnenlicht, Wasserfällen und Abgründen. Es gibt Menschen, die die Alpen nicht mögen. Umso schlimmer für sie.

KAPITEL XIV

PAULINE VIARDOT

Alfred de Musset bedeckte das Grab von Maria Malibran mit unsterblichen Blumen und erzählte uns auch die Geschichte von Pauline Garcias Debüt. Auch in den Schriften von Théophile Gautier steht etwas darüber. Aus beiden Berichten geht hervor, dass ihr erster Auftritt ein außergewöhnlicher Anlass war. Naturen wie ihre offenbaren sich dem Wissenden sofort und müssen nicht warten, bis sie in voller Blüte stehen. Pauline war damals noch sehr jung und heiratete bald darauf M. Viardot, den Leiter des Théâtre-Italien und einen der besten Männer seiner Zeit. Sie ging ins Ausland, um ihr Talent zu entwickeln, kehrte jedoch 1849 zurück, als Meyerbeer sie mit der Rolle der Fides in *Le Prophète betraute* .

Ihre Stimme war ungeheuer kraftvoll, von erstaunlichem Umfang und überwand alle Schwierigkeiten der Gesangskunst. Aber diese wunderbare Stimme gefiel nicht jedem, denn sie war keineswegs weich und samtig. Sie war sogar ein wenig rau und wurde mit dem Geschmack einer Bitterorange verglichen. Aber es war genau die richtige Stimme für eine Tragödie oder ein Epos, denn sie war eher übermenschlich als menschlich. Leichte Stücke wie spanische Lieder und Chopin-Mazurkas, die sie zu transponieren pflegte, um sie singen zu können, wurden durch diese Stimme völlig verwandelt und wurden zum Spielzeug einer Amazone oder einer Riesin. Sie verlieh tragischen Partien und der strengen Würde des Oratoriums eine unvergleichliche Erhabenheit.

Ich hatte nie das Vergnügen, Madame Malibran zu hören, aber Rossini erzählte mir von ihr. Er bevorzugte ihre Schwester. Madame Malibran, sagte er, besitze den Vorteil der Schönheit. Darüber hinaus starb sie jung und hinterließ die Erinnerung an eine Künstlerin, die alle ihre Kräfte besaß. Sie war ihrer Schwester als Musikerin nicht ebenbürtig und hätte den Verfall ihrer Stimme nicht wie diese überstehen können.

Madame Viardot war nicht schön, im Gegenteil, sie war weit davon entfernt. Das Porträt von Ary Scheffer ist das einzige, das diese unvergleichliche Frau wahrheitsgetreu zeigt und ihre seltsame und starke Faszination erahnen lässt. Was sie noch faszinierender machte als ihr Talent als Sängerin, war ihre Persönlichkeit – eine der erstaunlichsten, die ich je gekannt habe. Sie sprach und schrieb fließend Spanisch, Französisch, Italienisch, Englisch und Deutsch. Sie war mit der gesamten aktuellen Literatur dieser Länder in Kontakt und stand im Briefwechsel mit Menschen in ganz Europa.

Sie konnte sich nicht erinnern, wann sie Musik gelernt hatte. In der Familie Garcia lag Musik in der Luft. Daher protestierte sie gegen die Tradition, die ihren Vater als Tyrannen darstellte, der seine Töchter peitschte, um sie zum Singen zu bringen. Ich habe keine Ahnung, wie sie die Geheimnisse des Komponierens lernte, aber abgesehen von der Leitung des Orchesters kannte sie sie gut. Sie schrieb zahlreiche *Lieder* auf spanische und deutsche Texte und alle weisen eine tadellose Diktion auf. Aber im Gegensatz zur Gewohnheit der meisten Komponisten, die nichts lieber tun, als ihre Kompositionen zu zeigen, verbarg sie ihre, als wären sie Indiskretionen. Es war außerordentlich schwierig, sie zu überreden, jemanden sie hören zu lassen, obwohl die wenigsten sehr lobenswert waren. Einmal sang sie ein spanisches Volkslied, ein wildes, eindringliches Ding, in das sich Rubinstein unsterblich verliebte. Es dauerte mehrere Jahre, bis sie zugab, dass sie es selbst geschrieben hatte.

Frau Pauline Viardot

In Zusammenarbeit mit Tourguenief schrieb sie brillante Operetten, die jedoch nie veröffentlicht und nur privat aufgeführt wurden. Eine Anekdote zeigt ihre Vielseitigkeit als Komponistin. Sie war eine Freundin von Chopin und Liszt und ihr Geschmack war stark futuristisch. M. Viardot hingegen war ein Reaktionär in der Musik. Er fand Beethoven sogar zu fortgeschritten. Eines Tages hatten sie einen Gast, der ebenfalls reaktionär war. Madame Viardot sang ihnen ein wunderbares Werk mit Rezitativ, Arie und letztem Allegro vor, das sie in höchsten Tönen lobten. Sie hatte es eigens für diesen Anlass geschrieben. Ich habe dieses Werk gelesen und selbst der Klügste wäre getäuscht worden.

Daraus darf man jedoch nicht schließen, dass ihre Kompositionen bloße Nachahmungen waren. Im Gegenteil, sie waren äußerst originell. Die einzige Erklärung dafür, warum die veröffentlichten Werke unbekannt blieben und warum so viele unveröffentlicht blieben, ist, dass diese bewundernswerte Künstlerin eine Abneigung gegen die Öffentlichkeit hatte. Sie verbrachte ihr halbes Leben damit, Schüler zu unterrichten, und die Welt erfuhr nichts davon.

Während der Kaiserzeit veranstalteten die Viardots in ihrer Wohnung donnerstagabends wirklich schöne Musikfeste, an die sich meine überlebenden Zeitgenossen noch erinnern. Von dem Salon, in dem das berühmte Porträt von Ary Scheffer hing und der gewöhnlicher Instrumental- und Vokalmusik gewidmet war, gingen wir eine kurze Treppe hinunter zu einer Galerie voller wertvoller Gemälde und schließlich zu einer exquisiten Orgel, einer von Cavaillé-Coll Meisterwerke. In diesem der Musik gewidmeten Tempel lauschten wir Arien aus den Oratorien von Händel und Mendelssohn. Sie hatte sie in London gesungen, konnte ihnen aber bei den Konzerten in Paris kein Gehör verschaffen, da sie solchen umfangreichen Kompositionen abgeneigt waren. Ich hatte die Ehre, ihr regelmäßiger Begleiter sowohl an der Orgel als auch am Klavier zu sein.

Aber dieser leidenschaftliche Liebhaber des Liedes war ein Allround-Musiker. Sie spielte vortrefflich Klavier, und wenn sie unter Freunden war, überwand sie die größten Schwierigkeiten. Vor ihrem Donnerstagspublikum beschränkte sie sich jedoch auf Kammermusik, mit einer besonderen Vorliebe für Henri Rebers Duette für Klavier und Violine. Diese filigranen, künstlerischen Arbeiten sind dem Amateur von heute unbekannt. Sie scheinen dem reinen Traubensaft in Kristallgläsern giftige Tränke in goldenen Bechern vorzuziehen. Sie müssen Orgien haben, prächtige Decken, einen tödlichen Luxus. Sie verstehen den Dichter nicht, der singt: „*O rus, quando te aspiciam!*" „Sie schätzen den großen Unterschied der Einfachheit nicht. Rebers Muse ist nichts für sie.

Madame Viardot war eine so gelehrte Musikerin, wie man sie sich nur vorstellen kann, und sie gehörte zu den ersten Abonnenten der Gesamtausgabe der Werke Sebastian Bachs. Wir wissen, was für eine erstaunliche Offenbarung dieses Werk für uns war. Jedes Jahr brachte uns zehn geistliche Kantaten, und jedes Jahr überraschte uns die unerwartete Vielfalt und Eindrücklichkeit des Werks aufs Neue. Wir dachten, wir hätten Sebastian Bach gekannt, aber jetzt lernten wir ihn wirklich kennen. Wir entdeckten in ihm einen Autor von ungewöhnlicher Vielseitigkeit und einen großen Dichter. Sein *Wohltemperiertes Klavier* hatte uns nur einen Hinweis auf all dies gegeben. Die Schönheit dieses berühmten Werks musste erklärt werden, denn in Ermangelung genauer Anweisungen gingen die Meinungen auseinander. In den Kantaten dient die Bedeutung der Wörter als Hinweis, und durch die Analogie zwischen den Ausdrucksformen ist es leicht, ziemlich klar zu erkennen, was der Autor mit seinen *Klavierstücken beabsichtigte* .

Eines schönen Tages wurde festgestellt, dass der Jahresband eine mehrstimmige Kantate enthielt, die für ein Alt-Solo mit Streichinstrumenten, Oboen und einer obligaten Orgel geschrieben war. Die Orgel war da und der Organist auch. Also bauten wir die Instrumente zusammen, Stockhausen, der Bariton, wurde zum Leiter des kleinen Orchesters ernannt und Madame Viardot sang die Kantate. Ich vermute, dass der Autor sein Werk noch nie auf eine solche Weise gesungen gehört hat. Ich schätze die Erinnerung an diesen Tag als einen der wertvollsten in meiner musikalischen Karriere. Meine Mutter und M. Viardot waren die einzigen Zuhörer dieser außergewöhnlichen Ausstellung. Wir haben es nicht gewagt, es vor Zuhörern zu wiederholen, die dazu nicht bereit waren. Was heute ein großer Erfolg wäre, wäre damals gescheitert. Und nichts ist ärgerlicher, als das Publikum vor einem schönen Werk kalt zu sehen. Es ist weitaus besser, Schätze für sich zu behalten, die nicht geschätzt werden.

Eines wird der Popularität der Vokalwerke Sebastian Bachs immer im Wege stehen: die Schwierigkeit der Übersetzung. Wenn sie ins Französische übertragen werden, verlieren sie all ihren Charme und werden oft lächerlich.

Eine der erstaunlichsten Eigenschaften von Madame Viardots Talent war ihre erstaunliche Leichtigkeit, mit der sie alle Musikstile assimilierte. Sie war in der alten italienischen Musik ausgebildet und brachte deren Schönheiten zum Vorschein wie kein anderer. Ich selbst sah nur die Fehler. Dann sang sie Schumann und Gluck und sogar Glinka, den sie auf Russisch sang. Nichts war ihr fremd; sie war überall zu Hause.

Sie war eine gute Freundin von Chopin, erinnerte sich fast genau an sein Spiel und konnte die wertvollsten Hinweise zu der Art und Weise geben, wie er seine Werke interpretierte. Von ihr erfuhr ich, dass die Ausführung des großen Pianisten (genauer gesagt des großen Musikers) viel einfacher war, als allgemein angenommen wird. Es war von jeder Manifestation von schlechtem Geschmack ebenso weit entfernt wie von kalter Korrektheit. Sie verriet mir das Geheimnis des wahren *Tempo Rubato,* ohne das Chopins Musik entstellt wäre. Es ähnelt in keiner Weise den Verwerfungen, mit denen es so oft karikiert wird.

Ich habe von ihrem großen Talent als Pianistin gesprochen. Das haben wir eines Abends bei einem Konzert von Madame Schumann gesehen. Nachdem Madame Viardot einige *Lieder* Schumanns gesungen hatte, wobei der große Pianist die Begleitung spielte, spielten die beiden großen Künstler *mit gleicher*

Virtuosität das Duett des berühmten Autors für zwei Klaviere, das ziemlich von Schwierigkeiten nur so strotzt .

Als Madame Viardots Stimme zu brechen begann, wurde ihr geraten, sich dem Klavier zu widmen. Wenn sie es getan hätte, hätte sie eine neue Karriere und einen zweiten Ruf gefunden. Aber sie wollte die Veränderung nicht herbeiführen und bot mehrere Jahre lang das traurige Schauspiel eines Genies im Kampf mit Widrigkeiten. Ihre Stimme war gebrochen, hartnäckig, ungleichmäßig und unterbrochen. Eine ganze Generation kannte sie nur in einer ihrer unwürdigen Gestalt.

Ihre maßlose Liebe zur Musik war die Ursache für die frühe Veränderung ihrer Stimme. Sie wollte alles singen, was ihr gefiel, und sie sang Valentine in *Les Huguenots* , Donna Anna in *Don Juan* , neben anderen Rollen, die sie nie hätte übernehmen sollen, wenn sie ihre Stimme behalten wollte. Dies wurde ihr am Ende ihres Lebens bewusst. „Mach nicht das, was ich getan habe", sagte sie einmal zu einem Schüler. „Ich wollte alles singen und habe meine Stimme ruiniert."

Glücklich sind die feurigen Naturen, die sich selbst ausbrennen und sich des Schwertes rühmen, das die Scheide abnutzt.

KAPITEL XV

ORPHÉE

Wir wissen, oder vielmehr wussten wir es – denn wir beginnen zu vergessen – dass es eine bewundernswerte Ausgabe der Hauptwerke von Gluck gibt. Diese Ausgabe war dem Interesse einer ungewöhnlichen Frau zu verdanken, Mlle. Fanny Pelletan, die einen Teil ihres Vermögens diesem wahren Denkmal widmete und einen Wunsch erfüllte, den Berlioz in einem seiner Werke zum Ausdruck brachte. Mlle. Pelletan war eine ungewöhnlich intelligente Frau und eine versierte Musikerin, aber sie brauchte jemanden, der ihr bei dieser großen und gewaltigen Aufgabe half. Sie war bescheiden und misstraute ihren eigenen Fähigkeiten, sodass sie sich als Mitarbeiter einen deutschen Musiker namens Damcke sicherte, der lange in Paris gelebt hatte und hoch geschätzt war. Er gab ihr die moralische Unterstützung, die sie brauchte, aber auch einige schlechte Ratschläge, denen sie sich verpflichtet fühlte, zu folgen. Diese Zusammenarbeit erklärt die Änderung der Altstimmen in Countertenöre. Sie erklärt auch die Tatsache, dass die Stimmen für die Klarinetten in jedem Fall in C angegeben sind, was dem Autor auf diese Weise eine formale Absicht zuschreibt, die er nie hatte. Gluck schrieb die Stimmen für die Klarinetten, ohne sich darum zu kümmern, ob der Spieler – dem er die Wahlfreiheit und die Arbeit der Transposition überließ – sein Instrument in C, B oder A verwenden würde. Diese Methode war nicht nur Gluck vorbehalten. Auch andere Komponisten verwendeten sie, und Spuren davon finden sich sogar in Aubers Werken.

Nach Damckes Tod wurde Mlle. Pelletan hat mich dazu gebracht, ihr bei dieser Arbeit zu helfen. Ich wollte die Methode ändern, aber die Ausgabe hätte ihre Einheit verloren und sie wollte nicht zustimmen. Es war an der Zeit, dass Damckes Zusammenarbeit endete. Er gehörte zum Stamm der deutschen Professoren, die mittlerweile zu Legionen geworden sind. Aufgrund ihres verderblichen Einflusses werden die Werke von Haydn, Mozart und Beethoven, sogar von Chopin, in kurzer Zeit, wenn die alten Ausgaben verschwunden sind, kaum noch wiederzuerkennen sein. Die Werke von Sebastian Bach und Händel werden dank der bewundernswerten Ausgaben der *Bach- und Händel-Gesselschaft* die einzigen sein, die in ihrer makellosen Reinheit der Form existieren . Als Mlle. Pelletan brachte mich in das Werk ein, die beiden *Iphigenien* waren veröffentlicht worden; *Alceste* stand kurz davor, und *Armide* war bereit. In *Armide* war Damcke völlig von seinem Eifer für „Verbesserungen" mitgerissen worden – einem Eifer, der so viel Schaden anrichten kann. Es war an der Zeit, dies zu stoppen. Er hatte nicht nur hier und da eingebildete Fehler korrigiert, sondern auch Dinge seiner eigenen Erfindung eingefügt. Er war sogar so weit gegangen, die Ballettmusik neu zu orchestrieren, in dem naiven Glauben, dass er die wahre Bedeutung des Autors besser zum Ausdruck bringen würde, als er es selbst getan hatte. Es hat enorm viel Zeit gekostet, dieses Unheil wiedergutzumachen, denn ich hatte ein gewisses Misstrauen gegenüber meinen eigenen Lichtern und Mlle. Pelletan hatte eine zu hohe Meinung von Damckes Werk und wagte nicht, sein Urteil außer Kraft zu setzen.

Diese hervorragende Frau erlebte das Ende ihrer Arbeit nicht mehr. Sie begann mit der Vorbereitung von Orphée, starb aber fast sofort darauf. So blieb mir nichts anderes übrig, als die Partitur allein zu beenden, ohne jene wertvolle Erfahrung und meisterhafte Einsicht, mit der sie die schwierigsten Probleme löste. Und bei jedem Schritt gab es echte Rätsel zu lösen. Die alten gravierten Partituren von Glucks Werken gaben seine Manuskripte zwar recht getreu wieder, wiesen aber Anzeichen von Nachlässigkeit und erstaunlicher Ungenauigkeit auf. Es sind bloße Skizzen statt vollständiger Partituren. Viele Details sind vage, und Vagheit ist in einer seriösen Ausgabe nicht zulässig. Daraus folgt, dass die verschiedenen Ausgaben von Glucks Werken, die im 19. Jahrhundert veröffentlicht wurden, wertlos sind, so prächtig oder sorgfältig sie auch sein mögen. Nur die Pelletan-Ausgabe kann mit Vertrauen konsultiert werden, da wir die einzigen waren, die alle noch vorhandenen und authentischen Dokumente in der Bibliothek der Oper hatten, um uns zu korrigieren. Wir hatten Partituren für tatsächliche Aufführungen auf der Bühne und Teile von Orchesterstimmen von unschätzbarem Wert. Darüber hinaus verfolgten wir bei der Ausarbeitung dieses Materials weder ein anderes Ziel noch ein anderes Anliegen, als die Gedanken des Autors so genau wie möglich wiederzugeben.

Die Schweiz ist ein Land, in dem künstlerische Produktionen keine Seltenheit sind. Jedes Jahr erreichen uns Berichte über grandiose Auftritte, bei denen die Menschen selbst mitwirken. Dank der vielen Kommunikationsmöglichkeiten in diesem reizvollen Land kommen sie aus allen Richtungen, auch aus großer Entfernung, um zu helfen. Daher ist es nicht verwunderlich, dass in der hübschen Stadt Mézières in der Nähe von Lusanne ein Theater für die Aufführung der Werke eines jungen Dichters namens Morax gebaut wurde. Diese Werke sind Dramen mit Chören, und das umliegende Land stellt die Sänger. Das 1911 aufgeführte Werk war Allenor – die Musik von Gustave Doret – und es war ein großer Erfolg.

Gustave Doret ist ein echter Künstler und er hat nie auch nur einen Augenblick daran gedacht, das Théâtre du Jorat ausschließlich für sich zu behalten. Er träumte davon, Glucks Werke in ihrer Originalform aufzuführen, denn sie werden immer verändert und abgeändert, je nach den Launen oder der Unfähigkeit der Interpreten oder Regisseure. Sie bildeten ein großes und einflussreiches Komitee und es wurde ein beträchtlicher Garantiefonds gezeichnet. Dann gaben sie ein glänzendes Bankett, bei dem die Prinzessin von Brancovan anwesend war. Und Paderewski, einer der enthusiastischsten Förderer des Unternehmens, hielt eine beredte Rede. Niemand sollte über seinen Eifer oder seine Beredsamkeit überrascht sein. Paderewski ist nicht nur ein Pianist; er ist auch ein Mann von großem Intellekt – ein großer Künstler, der sich den Luxus leistet, wunderbar Klavier zu spielen.

Da er wusste, dass ich mehrere Jahre damit verbracht hatte, Glucks Werke sozusagen unter dem Mikroskop zu studieren, erwies mir Gustave Doret die Ehre, mich um Rat zu fragen. Seine Wahl für das Eröffnungswerk fiel auf *Orphée* , das nur drei Hauptfiguren erfordert: Orpheus, Eurydike und die Liebe. Es ist Brauch geworden, einen vierten hinzuzufügen, einen glücklichen Geist, aber dieser Geist ist eine Erfindung Carvalhos und hat keinen Daseinszweck.

Es gibt jedoch zwei *Orphées* . Das erste ist *Orfeo* , das auf Italienisch nach einem Text Calzabigis geschrieben und 1761 in Venedig uraufgeführt wurde. Die Rolle des Orpheus in dieser Partitur war für eine Altstimme geschrieben und dem Eunuchen Quadagni bestimmt. Die venezianischen Kupferstecher jener Zeit waren entweder inkompetent oder es gab vielleicht keine, denn die Partituren von Glucks *Alceste* auf Italienisch und Haydns *Jahreszeiten* wurden vom Druck gedruckt. Wie dem auch sei, die Partitur von *Orfeo* wurde in Paris gestochen. Der Komponist Philidor korrigierte die Fahnen. Er glaubte kaum, dass *Orfeo* es jemals bis nach Paris schaffen würde, daher übernahm er die Romanze aus dem ersten Akt und führte sie mit nur geringfügigen Änderungen in seine Opéra-comique *Le Sorcier ein* . Später rief Marie Antoinette Gluck nach Paris und gab ihm so die Gelegenheit, sein Genie voll zu entfalten. Nachdem er *Iphigenie en Aulide* geschrieben hatte , das 1774 speziell für die Oper aufgeführt wurde, kam ihm die Idee, *Orfeo* für die französische Bühne zu adaptieren. Um die Wahrheit zu sagen, muss er schon vorher daran gedacht haben, denn *Orpheus trat nur drei Monate nach Iphigenie* an der Oper auf und war in Zusammenarbeit mit Moline völlig neu geschrieben worden. Die Altstimme wurde in eine Tenorstimme geändert und so erhielt Legros die Hauptrolle.

Auch wenn es wahr sein mag, dass der Autor dieses Werk in der französischen Fassung verbessert hat, trifft dies nicht in jedem Fall zu. Es besteht die Frage, ob die Ouvertüre in der italienischen Partitur existierte. Es wird allgemein angenommen, dass dies der Fall war, aber es gibt alte Kopien dieser Version, und sie beginnen die Oper mit dem Trauerchor und zeigen überhaupt keine Ouvertüre. Obwohl diese Ouvertüre vom *Mercure de France* als „wunderschönes symphonisches Stück, das als gute Einführung in das Werk dient" bezeichnet wird, ähnelt sie in Wirklichkeit überhaupt nicht dem

Stil der übrigen. Es bereitet in keiner Weise auf den bewundernswerten Refrain am Anfang vor, der in seiner Art seinesgleichen sucht und Orpheus' herzzerreißenden Schrei „Eurydike! Eurydike!" macht so erbärmlich.

Der erste Akt von *Orfeo* endet mit einem turbulenten Effekt der Saiteninstrumente, der offenbar einen Szenenwechsel und das Erscheinen der Bühnenbilder der höllischen Regionen andeuten sollte. Diese Passage erscheint nicht im französischen *Orphée* und fehlt in der gestochenen Partitur, wo sie durch eine Bravourarie von zweifelhaftem Geschmack ersetzt wird, begleitet von einem einzelnen Quartett. Ob die Intendanten einen Zwischenakt wünschten oder der Tenor Legros eine effektvolle Arie forderte oder aus beiden Gründen, eine Lektüre des Manuskripts zeigt, wie stark sich die Bedeutung des Autors geändert hat. Es besteht kein Zweifel, dass er diese Arie ohne einen solchen Grund geändert und mit dem Rest des Werks in Einklang gebracht hätte.

Lange Zeit wurde diese Arie dem Komponisten Bertoni zugeschrieben und Gluck des Plagiats beschuldigt. Tatsächlich aber stammt diese Arie aus einer älteren italienischen Oper von Gluck. Bertoni imitierte sie nicht nur in einer seiner Partituren, sondern er hatte sogar die Kühnheit, einen *Orfeo* über den bereits von Gluck übernommenen Text zu schreiben, in dem er das Werk seines berühmten Vorgängers auf skandalöse Weise plagiierte.

Diese Arie, die von Madame Viardot mit wahrem Genie verändert und mit großem Erfolg vorgetragen und von mir neu orchestriert wurde, war einer der Hauptgründe für den Erfolg der berühmten Aufführungen im Théâtre-Lyrique. Es ist jedoch klar, dass sie in einer Ausgabe, deren einziges Ziel künstlerische Aufrichtigkeit und Reinheit des Textes war, keinen angemessenen Platz fand.

Aus dieser Sicht wäre es wohl am besten, *Orphée* so aufzuführen, dass man sich an die endgültige Version des Autors hält. Ein Tenor müsste die Rolle des Orpheus übernehmen, da es keine männlichen Altstimmen mehr gibt, und um diese Stimmlage in *Orphée beizubehalten* , müssten wir auf etwas zurückgreifen, was man im Theaterjargon als *Travesti bezeichnet* . Dem stehen jedoch Hindernisse entgegen. Die Tonlage hat sich seit dem 18. Jahrhundert verändert; sie ist gestiegen, und es ist jetzt fast oder fast unmöglich, die für Legros geschriebene Rolle zu singen. Die Altstimmen des italienischen Chors sind zu Countertenören geworden, die aus demselben Grund mit zu hohen Tönen zu kämpfen haben.

Im 17. Jahrhundert war die französische Tonlage noch tiefer, und das ist sehr schade, denn aufgrund der unüberwindlichen Hindernisse ist es fast unmöglich, unsere alte Musik aufzuführen. Dies ist jedoch in Deutschland oder Italien nicht der Fall, und deshalb können die Werke von Sebastian Bach und Mozart gesungen werden. Dasselbe gilt für Glucks italienische Werke.

Aus diesem Grund gab Doret die Orpheus-Partie einer Altistin, wie es an der Opéra-Comique üblich ist. Der poetische Charakter der Orpheus-Partie eignet sich hervorragend für eine solch feminine Interpretation. Doch um die Tonart der italienischen Partitur wiederaufzunehmen, muss man zumindest in erheblichem Maße auf die Instrumentierung zurückgreifen. Aufgrund einer merkwürdigen Anomalie steht das schöne Rezitativ, begleitet vom Rauschen der Bäche und dem Gesang der Vögel, in beiden Partituren in C-Dur. Der Autor kann sie nicht verändert haben. Im Gegenteil, er hat seine Instrumentierung stark modifiziert, vereinfacht und perfektioniert.

Wir wissen, dass die Autoren in völliger Missachtung der Mythologie ein Happy End wollten und Eurydike ein zweites Mal wieder zum Leben erweckten. Love vollbrachte dieses Wunder und die Arbeit endete mit dem Lied „Love Triumphs", das überaus fröhlich und im Einklang mit der Situation ist. Sie wollten diesen Schluss, der im *Orfeo stand* und den Gluck im *Orphée beibehalten hatte*, am alten Théâtre-Lyrique und an der Opéra-Comique nicht und ersetzten ihn durch einen Chor von Echo und Narcissus. Dieser Refrain ist charmant, aber das entschuldigt ihn nicht. Freude war das, was der Autor wollte, und das macht überhaupt keine Freude. Glucks Finale gilt als nicht ausreichend vornehm, aber das ist falsch. Das eigentliche Finale wurde in Mézières gesungen und man stellte fest, dass es überhaupt nicht üblich war, aber dass seine offene Fröhlichkeit dem besten Geschmack entsprach.

Gluck hatte keine Skrupel, mehrere Schrote aus demselben Sack zu mahlen und aus seinen alten Werken zu schöpfen, um seine neuen zu unterstützen. So wurde die Bertoni zugeschriebene Schmarotzarie von Gluck erstmals 1764 für eine Sopranistin geschrieben. Dies hat er 1769 in seine Oper *Aristo eingearbeitet. Dies gilt auch für das Trio Tendre Amour*, das dem Finale im letzten Akt vorangeht. Ein ernsthaft denkender Analytiker könnte versucht sein, die tiefe Psychologie des Autors zu bewundern, der traurige Akzente mit Ausdrucksformen der Freude vermischt, aber er würde seine Mühe für seine Mühen haben. Das Trio wurde der Oper *Elena e Paride* entnommen , in der Gluck stark aufgewühlte Gefühle zum Ausdruck brachte. Doret hat diese beiden Passagen nicht eingehalten, und das kann man ihm nicht verübeln. Andererseits behielt er, indem er es zum Zwischenakt machte, das *Ballet des Furies bei*. Diese Passage stammt aus einem Ballett, *Don Giovanni o il convitato de pietra* , das 1761 in Wien aufgeführt wurde. Diese Passage diente als Begleitung für Don Juans Abstieg in die Hölle, umgeben von seiner Dämonenbande.

Viele von Glucks Landsleuten kamen nach Mézières, um *Orphée zu sehen* , und sie waren loyal genug, um die Überlegenheit der Aufführung zu erkennen. Manche hatten sogar den Mut zu sagen: „Wir ermorden Gluck in Deutschland."

Ich habe diese Tatsache schon vor langer Zeit entdeckt. In meiner Jugend war ich empört, als ich Paris sah, wo Gluck seine besten Werke schrieb und sie völlig vernachlässigte, während Deutschland sie weiterhin förderte. Damals wurde ich häufig zu Konzerten auf die andere Seite des Rheins gerufen und wartete auf die Gelegenheit, eines dieser in Frankreich vergessenen Meisterwerke zu sehen. So betrat ich eines Tages mit größter Freude eines der führenden deutschen Theater, wo *„Armide“ aufgeführt wurde*. Was für ein hohler Spott!

Madame Malten war Armide, und sie hatte alles, was man sich an Stimme, Talent, Stil, Schönheit und Charme wünschen konnte. Sie sprach akzentfrei Französisch und war als Schauspielerin ebenso bemerkenswert wie als Sängerin, sodass sie ohne Zweifel großen Erfolg an der Pariser Oper gehabt hätte. Sie war Armide selbst, eine unwiderstehliche Zauberin.

Aber der Rest! Renaud war ein unerfahrener Junge, und sein rasiertes Kinn hob einen riesigen schwarzen Schnurrbart mit langen, gewachsten Enden scharf hervor. Er hatte zwar eine Stimme, aber keinen Stil und kein Verständnis für das Werk, das er zu interpretieren versuchte.

Hidradot ist ein alter Zauberer, der im Höllenfeuer gestählt wurde. Er tritt ein und sagt:

> „Ich sehe den Tod, der mich bedroht,
>
> Und schon das Alter, das mir das Blut gefrieren ließ,
>
> Liegt auf mir und beugt mich unter einer erdrückenden Last.“

Stellen Sie sich meine Überraschung vor, als ich auf der Bühne ein prächtiges männliches Exemplar mit gelocktem schwarzen Bart sah, in der ganzen Pracht seiner Jugend und Kraft, prächtig gehüllt in einen roten, mit Gold besetzten Umhang!

Auch das Bühnenbild war außergewöhnlich. Im zweiten Akt schlief Renaud hinten auf der Bühne ein und zwang Armide, die gesamte folgende wunderschöne Szene, eine der wichtigsten des Teils, in einiger Entfernung vom Rampenlicht und mit dem Rücken zum Publikum zu sprechen .

Was das Orchester betrifft, so folgte es manchmal Glucks Text und manchmal entlehnte es Teile der Orchestrierung, die Meyerbeer für die Opéra in Berlin geschrieben hatte. Diese Orchestrierung ist interessant und ich kenne sie gut, da ich sie in der Hand habe. Es ist nur fair zu sagen, dass Gluck aus einer unerklärlichen Laune heraus der Instrumentierung von *Armide nicht die gleiche Sorgfalt schenkte* wie *Orphée* , *Alcesti* und den *Iphigenies* . Die Posaunen kommen überhaupt nicht zum Einsatz und die Trommeln und

Flöten nur in seltenen Abständen. Eine Neuorchestrierung ist nicht unbedingt notwendig und die von Meyerbeer ist nicht verwerflicher als die, mit der Mozart Händels *Messe* und *La Fête d'Alexandre bereicherte* . Unzulässig war, sich nicht offen für die eine oder andere Version zu entscheiden. Es war wie ein schlecht geflickter Mantel, der an einer Stelle den alten und an einer anderen den neuen Stoff erkennen lässt.

Danach sah ich, wie *Armide* anders behandelt wurde.

Haben Sie sich schon einmal an eine entzückende, malerische Stadt erinnert, in der alles ein harmonisches Ganzes bildete und alte Bäume die schönen Alleen überwölbten? Und als Sie später dorthin zurückkehrten, stellten Sie fest, dass die Stadt verschönert worden war, die Bäume gefällt und die Alleen durch riesige Gebäude ersetzt worden waren, die die alten Wunder, die der Stadt ihren Charme verliehen, in den Schatten stellten?

Dies war bei mir der Fall, als ich *Armide* in einer Stadt wiedersah, deren Namen ich nicht nennen möchte. Die Oper galt als überholt und wurde „verbessert". Ein junger Komponist hatte eine neue Partitur geschrieben, in die er hier und da Teile von Gluck einfügte, die er für erhaltenswert hielt. Ein kostspieliger und herrlich alberner Luxus rundete das Ganze ab. Ich verzeihe mir das grausame Adjektiv, wenn ich sage, dass sie in der so tief inspirierten Hassszene, die in einer Art Höhle spielt, den Refrain in die Flügel verbannt haben, um einen Platz für Drachen zu schaffen, fantastische Vögel, die mit ihren Flügeln schlagen und andere Teufeleien. Dadurch wurde der Chor natürlich seiner ganzen Kraft und Würde beraubt.

Aber das Beste kam am Ende des zweiten Aktes. Der Wald mit seinen Bäumen, dem Gras und den Felsen verschwand vollständig im Nebel und nahm Renaud und Armide mit, und der Zuschauer sah aus unbekanntem Grund einen von Bergen umgebenen Hintergrund. Dann erschien durch ein Wunderwerk der Mechanik, begleitet von ultramoderner Musik, Renaud, der auf einem Prunkbett schlief, während Armide am Fußende stand, ihre Hand mit einer Geste der Autorität ausstreckte und in feierlichem Ton deklamierte:

> „Rinaldo, ich liebe dich!"

und der Vorhang fiel unter dem Applaus des Publikums.

Wir haben Deutschland in der Musik viel zu verdanken, denn es hat viele großartige Musiker hervorgebracht. Es kann unserer Dreieinigkeit aus Corneille, Racine und Molière, dem nicht weniger glorreichen Haydn, Mozart und Beethoven, entgegentreten. Aber Deutschland scheint jeglichen Respekt vor der Bedeutung seiner eigenen Musik und vor seinem eigenen Ruhm verloren zu haben. Anstatt auf die Reinheit des Textes seiner Meisterwerke zu achten, verändert es diese nach Belieben und macht sie nahezu unkenntlich. Wir missbrauchen Nuancen, aber früher waren sie selten. Ein Orchesterdirigent, der Symphonien von Haydn und Mozart, auch von Beethoven, aufführt, hat das Recht, Ergänzungen vorzunehmen. Aber es ist unerträglich, dass die Partituren mit diesen Nuancen und Strichen gedruckt werden, die in keiner Weise dem Autor zu verdanken sind und vom Herausgeber auferlegt werden. Dennoch passiert genau das, und es ist unmöglich zu sagen, wo der authentische Text endet und die Interpolation beginnt. Darüber hinaus kann die Interpolation genau das Gegenteil von dem sein, was der Autor beabsichtigt hat.

Dieses Übel ist in der Klaviermusik am schlimmsten. Unsere berühmten Lehrer, wie Marmontel und Le Coupey, haben Ausgaben der Klassiker veröffentlicht, die voller eigener Richtungen sind. Aber der Spieler ist vorgewarnt; Es handelt sich um die Marmontel- oder Le Coupey-Ausgabe und erhebt keinen Anspruch auf Authentizität. In Deutschland gibt es allerdings vermeintlich authentische Ausgaben, die auf den Originalen basieren, den Text des Autors aber mit eigenen schädlichen Erfindungen überlagern.

Die Anschlagstechnik des Klaviers war früher anders als heute. Die Anweisungen in Mozarts und Beethovens Werken zeigen, dass sie sich die Spielweise von Streichinstrumenten zum Vorbild nahmen. Der Anschlag war leichter und die Finger waren angehoben, so dass die Noten leicht voneinander getrennt waren und nur bei entsprechendem Hinweis ineinander übergingen. Man vermutet, dass dies zu einem trockenen Ton geführt haben muss. Ich erinnere mich, in meiner Kindheit einige alte Leute gehört zu haben, deren Spiel merkwürdig hüpfend war. Dann kam eine Reaktion und damit eine Leidenschaft für das Binden der Noten. Als ich Stamatys Schülerin war, galt es als am schwierigsten, die Noten zu „binden". Dazu waren jedoch nur Geschicklichkeit und Geschmeidigkeit erforderlich. „Wenn sie das Binden lernt, wird sie spielen können", sagte die Mutter eines jungen Pianisten. Trotzdem wird der Trick des ewigen *Legatos* äußerst eintönig und nimmt den Pianoforte-Klassikern jeglichen Charakter. In den modernen deutschen Ausgaben wird jedoch überall darauf bestanden. Überall finden sich scheinbar endlos lange Verbindungen und Hinweise auf „*legato* , *sempre legato*", die der Autor nicht nur nicht angebracht hat, sondern an denen leicht zu erkennen ist, dass er genau das Gegenteil beabsichtigte.

Wenn das der Fall ist, was soll man dann von der Markierung der Fingersätze auf allen Noten sagen, die ein gutes Spielen oft unmöglich macht? Liszt unterrichtete Hunderte von Schülern nach den besten Prinzipien, und doch haben sich solche falschen Prinzipien durchgesetzt!

Heutzutage gibt es viele Anhänger der Elfenbeintasten. Jeder möchte ein Klavier haben, jeder spielt darauf oder glaubt zumindest, dass er es tut, was nicht immer dasselbe ist, und nur wenige verstehen wirklich, was der heute so gebräuchliche Ausdruck „Klavier spielen" bedeutet.

Das Cembalo war vor dem Erscheinen des Klaviers unangefochten – ein Instrument, das von manchen geliebt und von anderen verabscheut wird. Zu seinem großen Erstaunen galt Reyer als Feind des Klaviers. Das Cembalo wurde in letzter Zeit wiederbelebt, so dass es überflüssig ist, es zu beschreiben. Es fehlt ihm an Kraft, und das war der Grund, warum es in einer Zeit entthront wurde, in der Kraft alles war. Andererseits hat es Vornehmheit und Eleganz. Da der Spieler die Intensität des Klangs nicht durch einen einzigen Fingerdruck verändern kann – was der Orgel ähnelt –, hat das Cembalo wie die Orgel mit ihren mehreren Klaviaturen und Registern eine große Vielfalt an Effekten und bietet die Möglichkeit, mehrere Oktaven gleichzeitig erklingen zu lassen. Infolgedessen gewinnt die für das Cembalo geschriebene Musik zwar auf dem modernen Instrument an Kraft und Ausdruck, nimmt aber oft eine trügerische Monotonie an, für die der Autor nicht verantwortlich ist.

Die Cembalospieler waren sich der muskulären Wirkung nicht bewusst; Sie hatten nichts von dem entfesselten Löwen an sich. Die zarten Hände einer Marquise verloren nichts von ihrer Anmut, als sie über die Tastaturen glitten, und die roten oder schwarzen Tasten betonten ihr Weiß.

Die Einführung des Hammers anstelle der winzigen Feder ermöglichte die Veränderung der Klangqualität durch Unterschiede im Fingerdruck und auch die beliebige Erzeugung von Nuancen wie *Forte* und *Piano* , ohne auf die verschiedenen Register zurückgreifen zu müssen. Aus diesem Grund wurde das neue Instrument zunächst als Pianoforte bezeichnet. Das Wort war lang und umständlich und wurde halbiert. Wenn es notwendig wurde, die Note *anzugreifen* , benutzten sie den Ausdruck „um die Stärke zu treffen". Die Zeitungen, die über die Konzerte des jungen Mozart berichteten, lobten ihn für seine Fähigkeit zu „schlagen".

Trotzdem schlug man nicht hart an. Diese Klaviaturen mit ihren begrenzten Tasten reagierten so leicht, dass die Finger eines Kindes ausreichten. Ich spielte zum ersten Mal im Alter von drei Jahren auf einem dieser Instrumente. Es wurde von Zimmerman gebaut, dessen Sohn Gounods Schwiegervater war.

Später wurde das Gewicht der Tasten erhöht, um ein größeres Klangvolumen zu erzielen. Wenn dann langhaarige *Virtuosen* mit voller Kraft spielten und Donnerschläge hervorbrachten, war das wirklich „ *toucha du piano* ".

Orphée zurückzukehren und so zu enden, wie wir begonnen haben, muss ich ein schmerzliches Geständnis machen. Wenn die Werke von Gluck im Allgemeinen und *Orphée* im Besonderen einen positiven Einfluss auf unseren Musikgeschmack hatten, so hatte eine Passage aus diesem letzten Werk einen schädlichen Einfluss: der berühmte Chor der Dämonen „ *Quel est l'audacieux—qui dans ces sombres lieux—ose porter ses pas?* "

Früher basierte die französische Oper auf Deklamation, und diese wurde sogar in den Arien peinlich genau eingehalten. Ein schönes Beispiel für dieses hervorragende System ist Lullys berühmte Arie aus *Medusa* , die beweist, welche Kraft aus einer engen Beziehung zwischen der Betonung des Verses und der Musik entsteht. Gluck war einer der eifrigsten Anhänger dieses Systems, aber *Orphée war, wie wir wissen, von Orfeo* abgeleitet . Die Frage war, ob er überhaupt daran denken konnte, diesen spektakulären Chor mit seiner erstaunlichen Kraft, die einer der Hauptgründe für den Erfolg des Werks war, wegzulassen. Unglücklicherweise war die Musik des Chors dem italienischen Text nachempfunden, und jeder Vers endete mit der Betonung auf dem Vordervorspann, was im Deutschen und Italienischen häufig vorkommt, im Französischen jedoch nie. Und sie singen:

> Was ist los in der *Wildnis*
>
> Qui dans ces *som* bres lieux
>
> Ose por *ter* ses pas
>
> Et devant *le* trepas
>
> Kein Problem?

Da Französisch keinen starken Akzent hat, werden solche Fehler toleriert. Glucks Thema prägte sich so tief ins Gedächtnis ein, dass er der Reinheit der Prosodie einen gewaltigen Schlag versetzte. Nach und nach wurde das Interesse daran so groß, dass man ihm zu Aubers Zeiten kaum noch Beachtung schenkte. Schließlich erschien Offenbach. Er war gebürtiger Deutscher und seine musikalischen Ideen reimten sich natürlich auf Deutsch, was in direktem Widerspruch zu den französischen Wörtern stand, auf die sie zutrafen. Dieses ständige Pfusch galt als Originalität. Manchmal wäre es notwendig gewesen, die Takteinteilung zu ändern, um eine korrekte Melodie zu erhalten, wie im Lied:

> Un p'tit bonhomme
>
> Mehr als das.

In einem solchen Fall könnten wir sagen, er habe aus reinem Vergnügen am Abweichen vom rechten Wege etwas Falsches getan. Doch der allgemeine

Geschmack war so verdorben, dass es niemandem auffiel, und jeder, der in leichterem Ton schrieb, verfiel in dieselben Gewohnheiten.

Wir sind André Messager zu Dank verpflichtet, dass er sich von dieser Art gelöst und die musikalische Ausdrucksweise richtig gestellt hat. Seine Rückkehr zu den alten Traditionen war nicht der geringste Reiz seiner wunderbaren *Véronique* .

Aber wir entfernen uns weit von Gluck und *Orphée* , wenn auch nicht so weit, wie wir vielleicht denken. In der Kunst treffen, wie in allem, Extreme aufeinander und es gibt die unterschiedlichsten Geschmäcker.

KAPITEL XVI

DELSARTE

Felix Duquesnal hat in einem seiner brillanten Artikel etwas über den Sänger Delsarte im Zusammenhang mit seiner Kontroverse mit Madame Carvalho geschrieben. Der Grund für diese Kontroverse waren die Lehren, die sie von ihm gezogen hatte. Der Name Delsarte sollte niemals vergessen werden, wie ich zu erklären versuchen werde. Madame Carvalho weigerte sich nicht, Delsarte für ihren Unterricht zu bezahlen, aber sie wollte nicht als seine Schülerin bezeichnet werden. Obwohl sie das Konservatorium besucht hatte, wollte sie ausschließlich als Schülerin von Duprez bekannt sein. Tatsächlich war es Duprez, der es verstand, aus der „kleinen Miolan", der entzückenden Waldsängerin, eine große Sängerin mit einem wichtigen Platz auf der französischen Bühne zu machen.

Doch dies hatte seinen Preis. Madame Carvalho hat mir selbst davon erzählt. Ihr mittleres Register war schwach und Duprez bemühte sich, den Brustton zu ersetzen und so viel Klarheit wie möglich zu entwickeln. „Als ich anfing zu arbeiten", sagte sie, „hatte meine Mutter Angst. Man hätte meinen können, dass im Haus ein Kalb getötet würde."

Normalerweise würde eine solche Methode eine raue, zitternde Stimme erzeugen und jegliche Frische würde verloren gehen. Aber im Fall von Madame Carvalho war das Gegenteil der Fall. Die Frische und Reinheit ihrer Stimme waren unvergleichlich, während die Geschmeidigkeit und die Harmonie der Register perfekt waren. Es war ein Wunder, wie wir es wahrscheinlich nie wieder erleben werden.

Aber wenn Duprez auch auf die Gefahr hin, sie zu brechen, eine wundervolle Stimme hervorgebracht hat, habe ich immer gedacht, dass Madame Carvalho ihre bewundernswerte Diktion, ein so herausragendes Zeichen ihres Talents, Delsarte verdankt. Delsarte war ein katastrophaler und tödlicher Gesangslehrer. Keine Stimme konnte seinen Methoden standhalten, nicht einmal seine eigene, obwohl er ihren Verlust auf die Lehrtätigkeit am Konservatorium zurückführte. Aber er studierte eingehend die Künste des Sprechens und der Gesten und war darin ein Meister der Vergangenheit.

Ich habe einmal einen Kurs besucht, den er in diesen Fächern gegeben hat. Er stellte sehr aufschlussreiche Wahrheiten dar und nannte die psychologischen Gründe für Akzente und die physiologischen Gründe für die Gesten. Er bestimmte den Einsatz von Gesten auf eine Art wissenschaftliche Art und Weise. In diese Fragen mischten sich mystische Fantasien.

Es war äußerst interessant zu sehen, wie er eine von Fontaines Fabeln oder eine Passage aus Racine analysierte und wie er erklärte, warum die Betonung auf einem solchen Wort oder einer solchen Silbe liegen sollte und nicht auf einer anderen, um den Sinn hervorzuheben. Obwohl dieser Kurs so lehrreich war, nahmen nur wenige daran teil, denn Delsarte war den Menschen fast unbekannt. Sein Einfluss erstreckte sich kaum über einen engen Kreis von Bewunderern hinaus, aber die Qualität machte die Quantität wett. Es handelte sich um den Kreis der alten *Debats* , der sich früher ausschließlich der Romantik widmete, zu dieser Zeit aber den Klassikern – an der Spitze Ingres in der Malerei und Reber in der Musik. Ihre Welt war eine abgeschiedene und asketische Welt, die sich still gegen die Abscheulichkeiten des Jahrhunderts auflehnte. Man musste den andächtigen Ton hören, in dem die Mitglieder dieses Kreises über die Alten sprachen, um ihre Haltung zu würdigen. Nichts in unserer Zeit kann eine Vorstellung von ihnen geben. „Sie sagen", erzählte mir einmal einer der Anhänger, „dass die Alten die Schönheit durch eine Art Offenbarung kennengelernt haben, und dass die Schönheit seitdem stetig degeneriert ist."

Solche falschen Vorstellungen wurden jedoch von den aufrichtigsten Menschen vertreten, die der Kunst zutiefst ergeben waren. So spielte diese Gruppe, die auf ihre Zeitgenossen keinen Einfluss hatte, dennoch, ohne es zu wissen oder zu wollen, eine nützliche Rolle.

Wie wir wissen, war das Publikum in zwei Lager gespalten. Auf der einen Seite standen die Anhänger der Melodie, der Opéra-comique, der Italiener und – mit einiger Anstrengung – der großen Oper. Ihnen gegenüber standen die Anhänger der Musik im großen Stil – Beethoven, Mozart, Haydn und Sebastian Bach, obwohl dieser wenig bekannt war und heute noch weniger bekannt ist.

Niemand dachte an unsere alte französische Schule, an die Komponisten von Lulli bis Gluck, die so viele hervorragende Werke hervorgebracht haben. Reber zeigte Delsarte den Weg und dieser, von Natur aus ein Antiquar, stürzte sich mit überraschendem Elan in dieses unerforschte Feld. Nur Lullis Name war bekannt, während Campra, Mondonville und die anderen völlig vergessen waren. Sogar Gluck selbst war vergessen worden. Erstausgaben seiner Orchesterpartituren, die heute nicht mehr zu finden sind, wurden in Antiquariaten für wenige Franken verkauft. Rameau wurde nie erwähnt.

Delsarte, gutaussehend, eloquent und faszinierend, übte einen fast kaiserlichen Einfluss auf seine kleine Künstlergruppe aus. Dank ihm blieb die Lampe unserer alten französischen Schule schwach am Brennen, bis zu dem Tag, an dem die inhärente Gerechtigkeit es erlaubte, sie wiederzubeleben. In dieser begrenzten Welt wäre kein Abend ohne Delsarte vollständig. Er kam mit einer Geschichte von schrecklichen Halsbeschwerden herein, um seine chronische Stimmlosigkeit zu rechtfertigen, und versetzte dann, ganz ohne Stimme, aber durch eine Art Magie, die Töne von Orpheus oder Eurydike in Schauer. Ich habe oft seine Begleitungen gespielt und er verlangte immer *Pianissimo* .

„Aber", würde ich sagen, „der Autor hat *forte angegeben* ."

„Das stimmt", antwortete er, „aber damals hatte das Cembalo wenig Klangtiefe."

Man hätte leicht antworten können, dass die Begleitung für das Orchester und nicht für das Cembalo geschrieben wurde.

Delsartes Ausführung unterschied sich oft völlig von dem, was der Autor beabsichtigt hatte, da seine stimmlichen Fähigkeiten unzureichend waren. Darüber hinaus wusste er überhaupt nicht, wie die Appogiaturen und andere Zeichen, die heute nicht mehr verwendet werden, richtig interpretiert werden sollten. Infolgedessen war seine Interpretation der älteren Werke ungenau. Aber das machte nichts, denn selbst wenn Meisterwerke schlecht präsentiert werden, bleibt immer etwas übrig. Außerdem hatten sowohl der Sänger als auch seine Zuhörer Glauben. Er hatte eine Art, „Gluck" auszusprechen, die Erwartung weckte, noch bevor man einen Ton hörte.

Von Zeit zu Zeit gab Delsarte ein Konzert. Er kam auf die Bühne und sagte, er hätte Halsschmerzen, würde aber versuchen, *Iphigenias Traum* oder etwas in der Art aufzuführen. Sein Mut würde größer sein als seine Stärke und er würde aufhören müssen. Dann griff er auf alte Lieder oder die Fabeln von La Fontaine zurück, in denen er sich hervorgetan hatte. Seiner Lektüre lag eine gekonnt einstudierte Mimikry zugrunde, die völlig natürlich wirkte. Ein rotes Taschentuch, das er im richtigen Moment aus der Tasche zu ziehen wusste, sorgte immer für Beifall.

Eines Tages kam ihm die Idee, bei seinem Konzert eine von Bossuets Predigten zu halten. Die religiöse Autorität war damals sehr mächtig und verbot dies. Dennoch hätte es kein Sakrileg gegeben, und ich bedauerte zutiefst, dass ich diese großartige Prosa nicht so wunderbar vorgetragen hören konnte. Nachdem die religiöse Autorität ihre weltliche Unterstützung verloren hat, sehen wir die Dinge aus einer völlig anderen Sicht. Christus, die Jungfrau und die Heiligen betreten die Bühne, sprechen in Prosa oder Versen und singen. Es scheint, dass niemand schockiert ist, denn es gibt keinen Protest. Ich für meinen Teil muss offen gestehen, dass solche pseudoreligiösen Darstellungen unangenehm sind. Sie stören mich sehr und ich sehe keinen Nutzen darin.

Um die Bewunderung für die alten Meister zu fördern, kam Delsarte auf die Idee, eine Sammlung von Stücken aus ihren Werken rechts und links zu veröffentlichen, und gründete daraufhin seine *Archives du Chant* . Er ließ eine Sonderschrift anfertigen und die Veröffentlichung war ein Wunder an schöner Typografie, Korrektheit und gutem Geschmack. Am Anfang jedes Teils stand eine geschickt harmonisierte Kirchenmusikpassage. Für den Erfolg eines solchen Werkes war die Unterstützung eines Verlegers notwendig, aber Delsarte war sein eigener Verleger und hatte überhaupt keinen Erfolg. Ähnliche, aber minderwertige Veröffentlichungen waren ausgesprochen erfolgreich.

Delsarte strebte die Reinheit des Textes an, doch seine Nachfolger waren gezwungen, die Werke zu modernisieren, um sie der Öffentlichkeit zugänglich zu machen. Diese Tatsache ist schmerzhaft. In der Literatur werden die Texte studiert und man ist bestrebt, die Gedanken des Autors so genau wie möglich wiederzugeben. In der Musik ist das ganz anders. Bei jeder Neuauflage wird ein Professor mit der Betreuung der Arbeit beauftragt und fügt etwas Eigenes hinzu.

Delsarte, ein Sänger ohne Stimme, ein unvollkommener Musiker, ein zweifelhafter Gelehrter, geleitet von einer fast genialen Intuition, spielte trotz seiner zahlreichen Fehler eine wichtige Rolle in der Entwicklung der französischen Musik im 19. Jahrhundert. Er war kein gewöhnlicher Mann. Der Eindruck, den er auf alle machte, die ihn kannten, war der eines Visionärs, eines Apostels. Wenn man ihn mit seiner feurigen Begeisterung über diese Werke der Vergangenheit sprechen hörte, die die Welt vergessen hatte, konnte man nur glauben, dass dieses Vergessen ungerecht war und den Wunsch hegte, diese Relikte einer anderen Zeit kennenzulernen.

Ohne jeden Zweifel verdankte ich seiner Führung den nötigen Mut, die Werke der alten Schule eingehend zu studieren, denn sie sind auf den ersten Blick unattraktiv. Berlioz schimpfte über all diese Musik. Er hatte Glucks Werke in seiner Jugend auf der Bühne gesehen, konnte aber nichts darin erkennen, was nicht „überholt und kindisch" war. Bei allem Respekt für Berlioz' Andenken hätte es ein milderes Urteil verdient. Wenn man in die Tiefen dieser Musik vordringt, wird man für seine Mühen reichlich belohnt, auch wenn dies einige Mühe kosten mag. Diese Werke haben echtes Gefühl, Erhabenheit und sogar etwas Pittoreskes — soweit dies mit den ihnen zur Verfügung stehenden Mitteln möglich war.

Es ist nur richtig, dass wir Delsartes Andenken ehren. Er war ein Pionier, der sein ganzes Leben lang den Wert unsterblicher Werke verkündete, die die Welt verachtete. Das ist kein geringes Verdienst.

KAPITEL XVII

SEGHERS

Während Delsarte den Weg für die alte französische Oper und vor allem für Glucks Werke bereitete, arbeitete ein anderer Pionier der musikalischen Entwicklung daran, den Geschmack des Pariser Publikums zu formen, jedoch mit einer ganz anderen Kraft und einer anderen Wirkung. Seghers war der Mann. Er spielte eine großartige Rolle und sein Andenken sollte in Ehren gehalten werden.

Wie sein Name schon sagt, war Seghers ein Belgier. Er begann seine Karriere als Geiger und war einer von Baillots Schülern. Seine Ausführung war meisterhaft, sein Ton bewundernswert und er verfügte über eine musikalische Intelligenz ersten Ranges. Er hatte jedes Recht auf einen ersten Rang unter *den Virtuosen* , aber dieser Mann, herkulisch im Aussehen und hartnäckig in seinen Zielen, verlor vor Publikum seine ganze Macht.

Er träumte davon, den Musikliebhabern die letzten Beethoven-Quartette zu schenken, die damals als unspielbar und unverständlich galten. Schließlich plante er eine Konzertreihe, bei der ich trotz meines Alters – ich war erst fünfzehn – der Stammpianist sein sollte. Er plante, zusätzlich zu diesen Quartetten einige Sonaten von Bach sowie Trios von Reber und Schumann aufzuführen. Ich sprach eines Tages mit seiner Schwiegermutter über diesen Plan, als sie friedlich am Fenster stickte, und erzählte ihr, wie sehr mich der Gedanke an die Konzerte freute.

„Verlass dich nicht zu sehr darauf", sagte sie mir. „Er wird sie dir nie geben."

Als alles fertig war, lud er etwa dreißig Leute zu einer Probeaufführung ein. Sie war miserabel. Die ganze Klangtiefe seiner Geige war verschwunden und die Geschicklichkeit seiner Finger... Das Projekt wurde aufgegeben.

Es blieb Maurin überlassen, aus diesen schrecklichen Quartetten etwas zu machen. Maurin hatte besondere Gaben. Er hatte eine Leichtigkeit im Bogen, die ich noch nie bei jemandem gesehen habe, und eine Leichtigkeit und einen Charme, die das Publikum verzauberten. Aber ich kann in aller Aufrichtigkeit sagen, dass Seghers' Darbietung sogar noch besser war. Unglücklicherweise für ihn war ich sein einziger Zuhörer.

Madame Seghers war eine Frau von großer Schönheit, ungewöhnlich intelligent und vornehm. Sie war eine Schülerin Liszts und eine Pianistin ersten Ranges. Aber sie war noch schüchterner als ihr Mann – ein einziger Zuhörer genügte, um sie zu lähmen. Als Liszt Madame Seghers unterrichtete, erkannte er den wahren Wert ihres Mannes und vertraute ihm die musikalische Ausbildung seiner Tochter an. Dies ist ein ausreichender

Hinweis auf die Wertschätzung, die Liszt Seghers entgegenbrachte. Daher war es nicht verwunderlich, dass er mir wertvolle und dringend benötigte Anregungen zum Stil und zum Klavier selbst gab, denn seine Freundschaft mit Liszt hatte ihm ein umfassendes Verständnis des Instruments vermittelt.

Ich sah und hörte Liszt zum ersten Mal bei Seghers. Er war nach langen Jahren der Abwesenheit wieder in Paris aufgetaucht und hatte zu dieser Zeit begonnen, fast schon als Legende zu gelten. Es hieß, seit er Kapellmeister in Weimar geworden war, widme er sich großen Kompositionen und, was unglaublich schien, „Klaviermusik“. Leute, die eigentlich hätten wissen müssen, dass Mozart der größte Pianist seiner Zeit war, zuckten darüber die Achseln. Als Krönung wurde unterstellt, Liszt vertonte philosophische Systeme.

Ich studierte Liszts Werke mit der ganzen Begeisterung meiner achtzehn Jahre, denn ich betrachtete ihn bereits als Genie und schrieb ihm, noch bevor ich ihn als Pianisten sah, fast übermenschliche Fähigkeiten zu. Bemerkenswerterweise übertraf er meine Vorstellungen. Die Träume meiner jugendlichen Vorstellungskraft waren nur Prosa im Vergleich zu den von seinen übernatürlichen Fingern hervorgerufenen Bacchischen Hymnen. Niemand, der ihn nicht auf dem Höhepunkt seiner Fähigkeiten erlebt hat, kann sich eine Vorstellung von seiner Darbietung machen.

Seghers war Mitglied der Société des Concerts am Konservatorium. Dieses erreichte nur ein begrenztes Publikum und es gab zu dieser Zeit in Paris kein anderes Symphoniekonzert, das diesen Namen verdiente. Und wenn das Publikum begrenzt war, war das Repertoire umso größer. Es wurden fast ausschließlich Haydns, Mozarts und Beethovens Sinfonien gespielt, und Mendelssohns Sinfonien wurden mit größter Mühe eingeführt. Von umfangreichen Kompositionen wie den Oratorien wurden nur Fragmente wiedergegeben. Ein noch lebender Autor galt als Eindringling. Allerdings durfte der Dirigent ein Solo seiner Wahl einführen. So durfte mein über achtzigjähriger Freund Auguste Tolbecque – er spielte immer noch wunderbar – mein erstes *Konzert* für Violoncello geben, das ich für ihn geschrieben hatte. Deldevez, der damalige Dirigent des berühmten Orchesters, ließ es sich nicht nehmen, mir mitzuteilen, dass er mein *Konzert* nur aus Rücksicht auf Tolbecque auf das Programm gesetzt hatte. Ansonsten, fügte er hinzu, hätte er die Herren So und So vorgezogen.

Nicht nur kannte das Konservatoriumspublikum nur wenig Musik, die breite Öffentlichkeit kannte überhaupt keine. Die Symphonien der drei großen klassischen Meister waren Laien größtenteils nur durch Czernys Arrangement für zwei Klaviere bekannt.

Dies war die Situation, als Seghers die Société des Concerts verließ und die Société St. Cécile gründete. Er leitete das Orchester selbst. Die neue Gesellschaft erhielt ihren Namen vom St. Cécile-Saal, der sich damals in der Rue de la Chaussée d'Antin befand. Es war ein großer quadratischer Saal und trotz der Voreingenommenheit gegenüber Sälen mit gekrümmten Linien für Musik hervorragend. Gekrümmte Oberflächen, so erklärte mir Cavaillé-Coll, der ein Experte auf diesem Gebiet war, verzerren den Klang, so wie gekrümmte Spiegel Bilder verzerren. Für Musik genutzte Säle sollten daher nur gerade Linien haben. Der St. Cécile-Saal war groß genug, um ein komplettes Orchester und einen Chor richtig aufzustellen und auch zu hören.

Seghers gelang es, ein exzellentes und großes Orchester zusammenzustellen, und er konnte auch Solisten gewinnen, die damals noch jung waren, aber inzwischen Berühmtheiten erlangt haben. Das Orchester war schlecht bezahlt und zudem sehr widerspenstig. Ich habe erlebt, wie sie sich gegen die Schwierigkeiten bei Beethoven auflehnten, und es war noch schlimmer, als Seghers sich dazu entschloss, Schumann zu spielen, der als das *Nonplusultra* der Moderne galt. Oft kam es zu regelrechten Tumulten. Aber wir hörten dort zum ersten Mal die Ouvertüre zu *Manfred*, Mendelssohns *Sinfonie in a-Moll* und die Ouvertüre zu *Tannhäuser*.

Der modernen französischen Schule waren die Türen in der Rue Bergère verschlossen, doch in der Chaussée d'Antin wurden sie mit offenen Armen empfangen. Unter ihnen waren Reber, Gounod und Gouvy und sogar Anfänger wie Georges Bizet und ich. Dort machte ich mit meiner *Symphonie in Es-Dur*, die ich mit siebzehn Jahren schrieb, mein erstes Wagnis. Um das Komitee zur Annahme zu bewegen, bot Seghers es als Symphonie eines unbekannten Autors an, die ihm aus Deutschland zugesandt worden war. Die Komitees schluckten den Köder, und die Symphonie, die wahrscheinlich keine Anhörung gehabt hätte, wenn mein Name unterschrieben worden wäre, wurde in den Himmel gelobt.

Ich sehe mich noch heute bei einer Probe, wo ich einem Gespräch zwischen Berlioz und Gounod lauschte. Beide waren sehr an mir interessiert, so dass sie freimütig sprachen und die Vorzüge und Fehler dieser anonymen Symphonie diskutierten. Sie nahmen das Werk ernst, und man kann sich vorstellen, wie ich ihre Worte in mich aufsog. Als der Schleier des Geheimnisses gelüftet wurde, verwandelte sich das Interesse der beiden großen Musiker in Freundschaft. Ich erhielt einen Brief von Gounod, den ich sorgfältig aufbewahrt habe, und da er dem Autor Ehre macht, erlaube ich mir, ihn hier wiederzugeben:

Meine liebe Camille:

Gestern wurde mir offiziell mitgeteilt, dass Sie der Autor der Symphonie sind, die am Sonntag gespielt wurde. Ich hatte es schon vermutet, aber jetzt, da ich mir sicher bin, möchte ich Ihnen sofort sagen, wie sehr ich mich darüber gefreut habe. Sie sind für Ihr Alter weit über das Ziel hinausgeschossen; machen Sie immer weiter – und denken Sie daran, dass Sie sich am Sonntag, dem 11. Dezember 1853, vorgenommen haben, ein großer Meister zu werden.

Dein zufriedener und ergebener Freund,

CH. GOUNOD.

Viele Werke, die dem Pariser Publikum unbekannt waren, wurden bei diesen Konzerten aufgeführt und nirgendwo sonst. Darunter waren Schuberts *Symphonie in C*, Fragmente von Webers Oper *Préciosa*, seine *Ouvertüre Jubel* und Symphonien von Gade, Gouvy, Gounod und Reber. Diese Symphonien sind nicht umwerfend, aber sie sind bezaubernd. Sie bilden ein interessantes Glied in der goldenen Kette, und das Publikum hat ein Recht und sogar eine Art Pflicht, sie zu hören. Es würde ihnen auch Freude machen, sie zu hören, so wie es im Louvre gerne bestimmte Bilder sieht, die nicht außergewöhnlich sind, aber dennoch den Platz verdienen, den sie einnehmen. Das heißt, wenn das Publikum wirklich von der Liebe zur Kunst geleitet wird und nur intellektuelles Vergnügen statt Sensationen und Schocks sucht. Jemand hat kürzlich gesagt, dass es keine Musik gibt, wo es kein Gefühl gibt. Wir könnten jedoch viele musikalische Passagen anführen, denen es absolut an Emotionen mangelt und die dennoch vom Standpunkt reiner ästhetischer Schönheit schön sind. Aber was sage ich? Die Malerei geht ihren eigenen Weg und die kleinste Landschaft weckt Emotionen, Gefühle und Leidenschaft. Maurice Barres brachte diese Mode ein und er konnte sogar in Steinen Leidenschaft erkennen. Glücklich ist, wer ihm dorthin folgen kann.

Unter den Dingen, die wir damals hörten und die wir heute nie mehr hören, muss ich besonders Berlioz' *Korsar* und *König Lear erwähnen* . Sein Name ist in der heutigen Öffentlichkeit so beliebt, dass diese Vernachlässigung sowohl ungerecht als auch nicht zu rechtfertigen ist. Der große Mann selbst kam eines Tages zur Société St. Cécile, um sein gerade geschriebenes *L'Enfance du Christ zu dirigieren – oder besser gesagt La Fuite en Egypt* , das damals der einzige Teil des Werkes war. Den Rest komponierte er später. Ich erinnere mich noch genau an die Aufführungen, bei denen der große Mann Regie führte. Sie waren eher lebhaft und temperamentvoll als vorsichtig, aber etwas langsamer als das, was Edouard Colonne uns gewohnt ist. Die Zeit war schneller und die Nuancen schärfer.

Trotz des Enthusiasmus des Dirigenten und des Könnens und Talents des Orchesters lebte die Gesellschaft von der Hand in den Mund. Die Kräfte des

Krieges fehlten. Weckerlin dirigierte die Chöre und ich begleitete die Proben. Die Liebe zur Kunst genügte uns, aber die Sänger und Instrumentalisten waren damit nicht zufrieden, da ihnen alle Vergütungen fehlten. Wäre Seghers anpassungsfähig gewesen, hätte er vielleicht Mittel beschaffen können, aber das war nicht seine Stärke. Meyerbeer wollte, dass er seine *Struensée aufführte*, und Halévy wollte eine Aufführung seiner *Prométhée*. Aber das widersprach Seghers' Überzeugungen, und wenn er sich einmal entschieden hatte, ließ sich nichts mehr ändern. Trotzdem gab er die Ouvertüre zu *Struensée*, und es wäre kein großer Aufwand gewesen, den Rest aufzuführen. Was *Prométhée betrifft*, so war das Werk, auch wenn der letzte Teil nicht mit dem Rest harmoniert, die Ehre einer Aufführung durchaus würdig, die ihm die stolze Gesellschaft in der Rue Bergère zuteil werden ließ. Durch diese Ablehnungen verlor Seghers die Unterstützung zweier mächtiger Beschützer.

Pasdeloup nutzte die Situation geschickt aus. Er hatte viel Geld und da er wusste, wie die finanzielle Situation war, ging er zu den Proben und korrumpierte die Künstler. Zumeist handelte es sich um junge Menschen in bedürftigen Verhältnissen, die seine attraktiven Angebote nicht ablehnen konnten. Er tötete Seghers' Gesellschaft und baute auf ihren Ruinen die Société des Jeunes Artistes auf, aus der später die Concerts Populaires hervorgingen.

Pasdeloup war ein echter Musikliebhaber, aber er war ein ganz gewöhnlicher Musiker. Er hatte wenig von Seghers' Gefühl und tiefem Verständnis für die Kunst. In den Händen von Seghers wären die beliebten Konzerte zu einem bewundernswerten Unterfangen geworden, aber Pasdeloup konnte ihnen trotz seines Eifers und seines Könnens nur einen oberflächlichen und trügerischen Glanz verleihen. Außerdem hätte sich Seghers für die Entwicklung der französischen Schule eingesetzt, die Pasdeloup mit wenigen Ausnahmen bis 1870 unter den Scheffel stellte. Zu diesen Ausnahmen gehörten eine Symphonie von Gounod, eine von Gouvy und die Ouvertüre zu Berlioz' *Frances-Juges*. Bis zu den Unglücken und Katastrophen dieses schrecklichen Jahres war die französische Symphonieschule zwischen der Société des Concerts und den Concerts Populaires unterdrückt und erstickt worden. Vielleicht waren sie notwendig, damit diese Schule befreit werden und ihren Fantasien freien Lauf lassen konnte.

KAPITEL XVIII

ROSSINI

Heutzutage ist es schwierig, sich eine Vorstellung von Rossinis Stellung in unserer schönen Stadt Paris vor einem halben Jahrhundert zu machen. Er hatte sich schon vor langer Zeit aus dem aktiven Leben zurückgezogen, hatte aber durch seinen Müßiggang einen größeren Ruf als viele andere in ihrer Tätigkeit. Ganz Paris strebte nach der Ehre, in seine prächtige Wohnung mit den hohen Fenstern eingelassen zu werden. Da der Halbgott abends nie ausging, waren seine Freunde immer sicher, ihn zu Hause anzutreffen. Hin und wieder trafen sich bei seinen großen Soireen alle möglichen gesellschaftlichen Gruppen. An diesen „Abenden" traten die brillantesten Sänger und berühmtesten Virtuosen auf. Der Meister war von Speichelleckern umgeben, aber sie hatten keinen Einfluss auf ihn, denn er kannte ihren wahren Wert. Er regierte seine regelmäßige Anhängerschaft mit der Arroganz eines überlegenen Wesens, das sich nicht herablässt, sich dem ersten Ankömmling zu offenbaren. Es ist fraglich, wie es dazu kam, dass er so geehrt wurde.

Seine Werke, abgesehen von *Barbier* und *Guillaume Tell* sowie einige Aufführungen von *Moïse* , gehörten der Vergangenheit an. Sie besuchten immer noch *Otello* im Théâtre-Italien, aber nur um Tamberlicks C-Diesis zu hören. Rossini machte sich so wenig Illusionen, dass er versuchte, sich dem Versuch zu widersetzen, *Semiramide* in das Repertoire der Oper aufzunehmen. Und dennoch verehrte ihn das Pariser Publikum tatsächlich.

Dieses Publikum – ich spreche jetzt vom musikalischen Publikum oder wie man es nennt – war in zwei feindliche Lager gespalten. Auf der einen Seite standen die Liebhaber der Melodie, die die große Mehrheit bildeten und zu denen auch die Musikkritiker gehörten; auf der anderen Seite die Abonnenten des Konservatoriums und der Quartette Maurin, Alard und Amingaud. Sie waren Anhänger gelehrter Musik; andere nannten sie „Poseurs", die vorgaben, Werke zu bewundern, die sie überhaupt nicht verstanden.

Bei Beethoven gab es keine Melodie; manche bestritten sogar, dass es bei Mozart eine gab. Melodien, so wurde uns gesagt, gebe es nur in den Werken der italienischen Schule, deren Anführer Rossini war, und in der Schule von Herold und Auber, die aus der italienischen Schule hervorging.

Für die Melodisten war Rossini ihr Bannerträger, ein Symbol, um das sie sich scharen konnten, auch wenn sie gerade noch gute Preise für seine Werke in den Antiquariaten erzielt hatten und diese nun in Vergessenheit geraten ließen.

Aus einigen Worten, die er während unserer Intimität fallen ließ, kann ich schließen, dass diese Vernachlässigung für ihn schmerzhaft war. Aber es war eine gerechte – vielleicht zu gerechte – Vergeltung für die Fatalität, mit der Rossini, zweifellos gegen seinen Willen, als Waffe gegen Beethoven diente. Die erste Begegnung fand in Wien statt, wo der Erfolg von *Tancred* die dramatischen Ambitionen des Autors von *Fidelio für immer zunichte machte* ; später, in Paris, nutzten sie *Guillaume Tell,* um der zunehmenden Invasion der Symphonie und Kammermusik entgegenzuwirken.

Ich war zwanzig, als M. und Mme Viardot mich Rossini vorstellten. Er lud mich zu seinen kleinen Abendempfängen ein und empfing mich mit seiner üblichen, eher belanglosen Herzlichkeit. Als er nach einem Monat feststellte, dass ich weder als Pianist noch als Komponist gehört werden wollte, änderte er seine Einstellung. „Kommen Sie morgen früh zu mir", sagte er. „Dann können wir reden."

Ich reagierte schnell auf diese schmeichelhafte Einladung und fand einen ganz anderen Rossini vor als den des Abends. Er war sehr interessiert an Ideen und aufgeschlossen, die zwar nicht fortschrittlich, aber doch zumindest umfassend und edel waren. Dies bewies er, als Liszts berühmte *Messe* zum ersten Mal in St. Eustache aufgeführt wurde. Er verteidigte sie trotz fast einstimmiger Opposition.

Eines Tages sagte er zu mir:

„Sie haben für Dorus und Leroy ein Duett für Flöte und Klarinette geschrieben. Möchten Sie sie nicht bitten, es an einem meiner Abende zu spielen?"

Die beiden großen Künstler mussten nicht gedrängt werden. Dann geschah etwas Unerhörtes. Da er bei solchen Gelegenheiten nie ein schriftliches Programm hatte, gelang es Rossini, sie glauben zu machen, das Duett sei sein eigenes. Man kann sich leicht vorstellen, wie erfolgreich das Stück unter diesen Bedingungen war. Als die Zugabe vorbei war, führte mich Rossini ins Esszimmer und ließ mich neben sich Platz nehmen. Er hielt mich an der Hand, damit ich nicht weglaufen konnte. Eine Prozession unterwürfiger Bewunderer ging an ihm vorbei. Ah! Meister! Was für ein Meisterwerk! Wunderbar!

Und als das Opfer alle sprachlichen Mittel des Lobes erschöpft hatte, antwortete Rossini ruhig:

„Ich stimme Ihnen zu. Aber das Duett war nicht von mir; es wurde von diesem Herrn geschrieben."

Diese Freundlichkeit gepaart mit solchem Einfallsreichtum verrät mehr über den großen Mann als viele Bände mit Kommentaren. Denn Rossini war ein großer Mann. Die Jugend von heute ist nicht in der Lage, über seine Werke zu urteilen, die, wie er selbst sagte, für Sänger und ein Publikum geschrieben wurden, die es nicht mehr gibt.

„Ich werde kritisiert", sagte er eines Tages, „für das große *Crescendo* in meinen Werken. Aber wenn ich meinen Werken nicht das *Crescendo* gegeben hätte , wären sie nie an der Opéra aufgeführt worden."

Heutzutage ist die Öffentlichkeit ein Sklave. Ich habe im Programm eines Hauses gelesen: „Alle Zeichen der Anerkennung werden streng unterdrückt." Früher, vor allem in Italien, war das Publikum Herr und dessen Geschmack Gesetz. Da es vor dem Aufleuchten der Lichter kam, war eine große Ouvertüre mit *Crescendo* ebenso notwendig wie Cavatinen, Duette und Ensembles: Sie kamen, um den Sängern zuzuhören und nicht, um einer Oper beizuwohnen . In vielen seiner Werke, insbesondere im *Otello* , machte Rossini einen großen Schritt in Richtung Realismus in der Oper. In *Moïse* und *Le Siège de Corinthe* (ganz zu schweigen von *Guillaume Tell*) erreichte er Höhen, die trotz der Armut der ihm zur Verfügung stehenden Mittel nicht übertroffen wurden. Wie Victor Hugo siegreich bewiesen hat, ist solche Armut kein Hindernis für Genies und Reichtum nur ein Vorteil für Mittelmäßigkeit.

Ich war einer der Stammpianisten bei Rossini. Die anderen waren Stanzieri, ein charmanter junger Mann, den Rossini sehr mochte und der nur kurze Zeit lebte, und Diemer, der ebenfalls jung, aber bereits ein großer Künstler war. Einer von uns spielte bei den Abendveranstaltungen oft die kleinen Klavierstücke, die der Meister schrieb, um sich die Zeit zu vertreiben. Ich war nur zu gern bereit, die Sänger zu begleiten, wenn Rossini dies nicht selbst tat. Er begleitete sie bewundernswert, denn er spielte perfekt Klavier.

Frau Patti

er ihr, nachdem sie die Arie aus *Le Barbier* gesungen hatte , nach den üblichen Komplimenten sagte:

„Wer hat die Arie geschrieben, die du gerade gesungen hast?"

Ich sah ihn drei Tage später wieder, und selbst dann hatte er sich noch nicht beruhigt.

„Ich bin mir durchaus bewusst", sagte er, „dass Arien ausgeschmückt werden müssen. Dafür sind sie da. Aber nicht einmal in den Rezitativen eine Note davon zu hinterlassen! Das geht zu weit!"

Verärgert beklagte er sich darüber, dass die Sopranistinnen darauf beharrten, diese Arie zu singen, die für eine Altstimme geschrieben war, und überhaupt nicht das sangen, was für die Sopranistinnen geschrieben war.

Andererseits war die Diva auch irritiert. Sie dachte darüber nach und erkannte, dass es ernst wäre, Rossini zum Feind zu haben. Einige Tage später fragte sie ihn um Rat. Es war gut für sie, dass sie es annahm, denn ihr Talent war zwar brillant und faszinierend, aber noch nicht vollständig entwickelt. Zwei Monate nach diesem Vorfall sang Patti die Arien aus *La Gaza Ladra* und *Semiramide* , mit dem Meister als Begleiter. Und sie verband mit ihrer Brillanz die absolute Korrektheit, die sie auch im Nachhinein stets an den Tag legte.

Viel ist über die vorzeitige Unterbrechung von Rossinis Karriere nach dem Erscheinen von *Guillaume Tell geschrieben worden* . Sie wurde mit Racines Leben nach *Phèdre verglichen* . Der Misserfolg von *Phèdre war brutal und grausam, und der skandalöse Erfolg eines unwürdigen Rivalen mit Phèdre* verschlimmerte dies noch . Racines Freunde, die Port Royalists, zögerten nicht, die Gelegenheit zu nutzen. „Du hast deine Seele verloren", sagten sie zu ihm. „Und jetzt hast du nicht einmal Erfolg." Doch später, als er seine Feder wieder in die Hand nahm, schenkte er uns mit *Esther* und *Athalie zwei Meisterwerke* .

Rossini war an Erfolg gewöhnt, und es fiel ihm schwer, einen halbherzigen Erfolg zu haben, wenn er wusste, dass er sich selbst übertroffen hatte. Dies lag zweifellos an der extravaganten Ausdrucksweise von Hippolyte Bis, einem der Librettisten. Aber *Guillaume Tell* hatte von Anfang an seine Bewunderer. Ich hörte in meiner Kindheit ständig davon sprechen. Wenn das Werk nicht auf dem Programm der Oper stand, lieferte es den Amateuren erstklassige Stücke.

Meiner Meinung nach beging Rossini Selbstmord, was seine Kunst anbelangte, weil er nichts mehr zu sagen hatte. Rossini war ein verwöhntes Kind des Erfolgs und konnte ohne ihn nicht leben. Eine solche unerwartete Feindseligkeit setzte einem Strom, der so lange so reichlich geflossen war, ein Ende.

Der Erfolg seiner *Soirées Musicales* und seines *Stabat* ermutigte ihn. Aber er schrieb nichts weiter als jene leichten Kompositionen für Klavier und Gesang, die man mit den letzten Schwingungen eines verklingenden Klangs vergleichen kann.

Später – viel später – kam *La Messe* , dem eine unangemessene Bedeutung beigemessen wurde. „ *Le Passus* ", schrieb ein Kritiker, „ist der Schrei eines gequälten Geistes." „La Messe" ist mit Eleganz von sicherer und fachmännischer Hand geschrieben, aber das ist auch alles. Es gibt keine Spuren der Feder, die den zweiten Akt von *Guillaume Tell geschrieben hat* .

Bezüglich dieses zweiten Aktes ist vielleicht nicht allgemein bekannt, dass der Autor keine Ahnung hatte, ihn mit einem Gebet zu beenden. Aufstände werden normalerweise nicht mit einem so ernsten Lied begonnen. Doch bei den Proben war die Wirkung des Unisono, *Si parmi nous il est des Traîtres* , so groß, dass man sich nicht traute, darüber hinauszugehen. Also unterdrückten sie den eigentlichen Schluss, der nun der brillante, hinreißende Schluss der Ouvertüre ist. Dieses Finale ist in der Bibliothek der Opéra erhalten. Es wäre ein interessantes Experiment, es wiederherzustellen und diesem schönen Akt seinen natürlichen Abschluss zu geben.

KAPITEL XIX

JULES MASSENET

Massenet wurde wahllos gelobt – manchmal für seine zahlreichen und brillanten Kräfte und manchmal für Verdienste, die er überhaupt nicht besaß.

Ich habe damit gewartet, von ihm zu sprechen, bis die Académie bereit war, ihn zu ersetzen – das heißt, jemanden an seine Stelle zu setzen, denn große Künstler werden nie ersetzt. Andere folgen ihnen mit ihren eigenen individuellen und unterschiedlichen Kräften nach, aber sie nehmen dennoch nicht ihren Platz ein. Malibran wurde nie ersetzt, ebenso wenig wie Madame Viardot, Madame Carvalho, Talma und Rachel. Niemand kann jemals Patti, Bartet oder Sarah Bernhardt ersetzen. Sie könnten Ingres, Delacroix, Berlioz oder Gounod nicht ersetzen, und sie können niemals Massenet ersetzen.

Es ist fraglich, ob ihm sein wirklicher Platz zugestanden wurde. Vielleicht haben seine Schüler ihn als seinen wahren Wert eingeschätzt, aber sie waren dankbar für seinen hervorragenden Unterricht und könnten zu Recht der Parteilichkeit verdächtigt werden. Andere haben abfällig über seine Werke gesprochen und sie auf ihn angewendet, indem sie die Worte des berühmten Diktums „ *Saltavit et placuit* " *übertragen haben* . Er sang und weinte, deshalb versuchten sie, ihn herabzuwürdigen, als ob es etwas Verwerfliches wäre, wenn ein Künstler dem Publikum gefällt. Diese Vorstellung scheint angesichts des heutigen Geschmacks eine gewisse Grundlage zu haben – eine Vorliebe für alles Schockierende und Unangenehme in allen Künsten, einschließlich der Poesie. Das Epigramm von Sorcières – das Hässliche ist schön und das Schöne hässlich – ist zum Programm geworden. Die Menschen begnügen sich nicht mehr mit der bloßen Bewunderung von Gräueltaten, sie sprechen sogar mit Verachtung von Schönheiten, die von der Zeit und der Bewunderung von Jahrhunderten geheiligt wurden.

Tatsache ist, dass Massenet einer der brillantesten Diamanten in unserer musikalischen Krone ist. Kein anderer Musiker hat so viel Anklang beim Publikum gefunden, außer Auber, den Massenet ebenso wenig mochte wie seine Schule, dem er aber sehr ähnelte. Sie waren sich in ihrer Begabung, ihrer erstaunlichen Fruchtbarkeit, ihrem Genie, ihrer Anmut und ihrem Erfolg ähnlich. Beide komponierten Musik, die ihren Zeitgenossen gefiel. Beide wurden beschuldigt, sich ihrem Publikum anzubiedern. Die Antwort darauf ist, dass sowohl ihr Publikum als auch die Künstler den gleichen Geschmack hatten und daher vollkommen im Einklang waren.

Heute sind es die Revolutionäre, die von den Kritikern als einzige geschätzt werden. Nun, es mag eine feine Sache sein, den Pöbel zu verachten, gegen den Strom zu kämpfen und den Pöbel durch Genialität und Energie dazu zu zwingen, einem trotz seines Widerstands zu folgen. Doch man kann auch ohne das ein großer Künstler sein.

Es war nichts Revolutionäres an Sebastian Bach mit seinen zweihundertfünfzig Kantaten, die so schnell aufgeführt wurden, wie sie geschrieben wurden und die bei wichtigen Anlässen ständig nachgefragt wurden. Händel leitete das Theater, in dem seine Opern aufgeführt und seine Oratorien gesungen wurden, und sie wären zweifellos gescheitert, wenn er gegen den gewohnten Geschmack seines Publikums verstoßen hätte. Haydn schrieb, um die Musik für die Kapelle des Fürsten Esterhazy zu liefern; Mozart war gezwungen, ständig zu schreiben, und Rossini arbeitete für ein intolerantes Publikum, das die Aufführung einer seiner Opern nicht zugelassen hätte, wenn die Ouvertüre nicht das große *Crescendo enthalten hätte* , das ihm so vorgeworfen wird. Sie waren keine Revolutionäre, aber dennoch großartige Musiker.

Eine weitere Kritik wird gegen Massenet geübt. Er sei oberflächlich gewesen, heißt es, und es fehle ihm an Tiefe. Tiefe liegt, wie wir wissen, voll im Trend.

Es stimmt, dass Massenet nicht tiefgründig war, aber das ist nicht so wichtig. So wie es im Haus unseres Vaters viele Wohnungen gibt, so gibt es auch in Apollos Haus viele. Die Kunst ist umfangreich. Der Künstler hat das vollkommene Recht, in die tiefsten Tiefen hinabzusteigen und in die innersten Geheimnisse der Seele einzudringen, aber dieses Recht ist keine Pflicht.

Die Künstler des antiken Griechenlands waren trotz all ihrer wunderbaren Werke nicht tiefgründig. Ihre Marmorgöttinnen waren wunderschön und Schönheit genügte.

Unsere Bildhauer alter Zeiten – Clodion und Coysevox – waren nicht tiefgründig, ebenso wenig wie Fragonard, La Tour oder Marivaux, und doch brachten sie der französischen Schule Ehre.

Alle haben ihren Wert und alle sind notwendig. Die Rose mit ihrer frischen Farbe und ihrem Duft ist auf ihre Art ebenso wertvoll wie die robuste Eiche. Die Kunst hat einen Platz für Künstler aller Art, und niemand sollte sich einbilden, er sei der Einzige, der das gesamte Gebiet der Kunst abdecken könne.

Einige haben, selbst wenn sie ein vertrautes Thema behandeln, so viel Würde wie ein römischer Kaiser auf seinem goldenen Thron, aber Massenet gehörte nicht zu diesem Typus. Er hatte Charme, Anziehungskraft und eine Leidenschaft, die eher fieberhaft als tief war. Seine Melodie war schwankend und unsicher, oft eher ein Rezitativ als eine eigentliche Melodie, und sie war ganz und gar seine eigene. Es fehlt an Struktur und Stil. Doch wie kann man widerstehen, wenn man Manon zu Füßen von Des Grieux in der Sakristei von Saint-Sulpice hört, oder sich von solchen Liebesausbrüchen zutiefst erschüttern lassen? Man kann nicht reflektieren oder analysieren, wenn man auf diese Weise bewegt wird.

Nach emotionaler Kunst kommt dekadente Kunst. Aber das hat kaum Konsequenzen. Dekadenz in der Kunst ist oft alles andere als künstlerischer Verfall.

Massenets Musik übt auf mich eine große Anziehungskraft aus, die heutzutage selten ist: Sie ist fröhlich. Und Fröhlichkeit ist in der modernen Musik verpönt. Sie kritisieren Haydn und Mozart für ihre Fröhlichkeit und wenden beschämt ihre Gesichter ab angesichts der überschwänglichen Freude, mit der die *Neunte Symphonie* ihren triumphalen Abschluss findet . Es lebe die Dunkelheit. Hurra, Langeweile! Das sagen unsere jungen Leute. Es kann sein, dass sie die verlorenen Stunden, die sie möglicherweise in Fröhlichkeit verbracht haben, zu spät bereuen.

Massenets Begabung war erstaunlich. Ich habe ihn krank im Bett gesehen, in einer höchst unbequemen Position, und trotzdem Orchestrierungsseiten abgearbeitet, die mit beunruhigender Geschwindigkeit aufeinander folgten. Allzu oft führt eine solche Begabung zu Faulheit, aber in seinem Fall wissen wir, was für eine enorme Menge Arbeit er geleistet hat. Ihm wurde vorgeworfen, zu produktiv zu sein. Dies ist jedoch eine Eigenschaft, die nur einem Meister zu eigen ist. Ein Künstler, der wenig produziert, kann, wenn er das nötige Talent hat, ein interessanter Künstler sein, aber er wird nie ein großer Künstler sein.

Fauves begnügen musste, um die feindlichen Kritiker zu versöhnen , gab Massenet ein Beispiel für tadelloses Schreiben. Er verstand es, Modernismus mit Respekt vor der Tradition zu verbinden, und das zu einer Zeit, als es ihm nur darum ging, die Tradition mit Füßen zu treten und zum Genie erklärt zu werden. Wie kaum jemand zuvor beherrschte er sein Handwerk, war sich aller Schwierigkeiten bewusst, besaß die subtilsten Geheimnisse seiner Technik und verachtete die Verrenkungen und Übertreibungen, die einfache Geister mit der Wissenschaft der Musik verwechseln. Er folgte dem Kurs, den er sich selbst gesetzt hatte, ohne Rücksicht darauf, was man über ihn sagen würde. Er war in der Lage, die Neuheiten aus dem Ausland angemessen zu übernehmen, und er verstand es geschickt, sie perfekt zu verarbeiten, dennoch präsentierte er das Spektakel eines durch und durch französischen Künstlers, den weder die Loreley des Rheins noch die Sirenen des Mittelmeers in die Irre führen konnten. Er war ein *Orchestervirtuose* , doch er opferte nie die Stimmen zugunsten der Instrumente, noch opferte er die Klangfarbe des Orchesters zugunsten der Stimmen. Schließlich verfügte er über die größte Gabe von allen, die des Lebens, eine Gabe, die nicht definiert werden kann, die aber von der Öffentlichkeit immer anerkannt wird und die den Erfolg von Werken sichert, die weit unter seinen liegen.

Über unsere Freundschaft wurde schon viel gesagt – eine Vorstellung, die sich einzig und allein auf die öffentlichen Demonstrationen stützt, mit denen er mich überschüttete – und zwar nur in der Öffentlichkeit. Er hätte meine Freundschaft haben können, wenn er sie gewollt hätte, und es wäre eine hingebungsvolle Freundschaft gewesen, aber er wollte sie nicht. Er erzählte – was ich nie erzählte –, wie ich in Weimar eine Aufführung eines seiner Werke erwirkte, wo gerade *Samson* aufgeführt worden war. Was er nicht erzählte, war der eisige Empfang, den er mir bereitete, als ich ihm die Nachricht überbrachte und ich einen ganz anderen Empfang erwartete. Von diesem Tag an mischte ich mich nie wieder ein und freute mich über seinen Erfolg, ohne eine Gegenleistung von seiner Seite zu erwarten, was mir nach einem Geständnis, das er mir eines Tages machte, unmöglich war. Meine Freunde und Mitstreiter waren Bizet, Guiraud und Delibes; Massenet war ein Rivale. Seine hohe Meinung von mir war daher umso wertvoller, als er mir die Ehre erwies, seinen Schülern das Studium meiner Werke zu empfehlen. Ich habe diese Frage nur gestellt, um klarzustellen, dass ich mich bei der Äußerung seiner großen musikalischen Bedeutung ausschließlich von meinem künstlerischen Gewissen leiten lasse und meine Aufrichtigkeit nicht in Zweifel gezogen werden kann. Noch ein Wort. Massenet hatte viele Nachahmer, er selbst hat jedoch nie jemanden nachgeahmt.

KAPITEL XX

MEYERBEER

ICH

Wer hätte vorhergesagt, dass der Tag kommen würde, an dem man dem Autor von „ *Les Huguenots* " und „*Le Prophète* " *zu Hilfe kommen müsste* , dem Mann, der einst jede Bühne Europas mit einer so außergewöhnlichen Führung beherrschte, dass es schien, als würde sie niemals enden? Ich könnte viele Werke anführen, in denen alle Komponisten der Vergangenheit vorbehaltlos gelobt werden und nur Meyerbeer zahlreicher Fehler beschuldigt wird. Doch auch andere haben Fehler, und wie ich bereits anderswo gesagt habe, es aber hier zu wiederholen gilt, ist es nicht die Abwesenheit von Mängeln, sondern das Vorhandensein von Verdiensten, die Werke und Menschen groß machen. Es ist nicht immer gut, makellos zu sein. Einem zu regelmäßigen Gesicht oder einer zu reinen Stimme fehlt es an Ausdruck. Wenn es so etwas wie Perfektion auf dieser Welt nicht gibt, dann zweifellos, weil sie nicht benötigt wird.

Da ich nicht zu dieser voreingenommenen Schule gehöre, die vorgibt, Peter sei völlig weiß und Paul völlig schwarz, versuche ich nicht, mir einzureden, dass der Autor von „ *Les Huguenots* " keine Fehler hatte.

Am schwerwiegendsten, aber am entschuldbarsten ist seine Verachtung für die Prosodie und seine Gleichgültigkeit gegenüber den ihm anvertrauten Versen. Dieser Fehler ist entschuldbar, denn die damalige französische Schule gab ihm, ohne Rücksicht auf die Tradition, ein schlechtes Beispiel. Rossini war wie Meyerbeer ein Ausländer, aber er war nicht in gleicher Weise betroffen. Durch die Kombination von musikalischem und textlichem Rhythmus erzielt er sogar feine Effekte. Ein Beispiel dafür ist der berühmte Satz von *Guillaume Tell* :

> Diese Tage qu'ils ont osé proscrire,
>
> Ich habe keine Verteidigung.
>
> Mein Vater, du bist dû maudire!

Hätte Rossini sich nicht in einem Alter zur Ruhe gesetzt, in dem andere ihre Karrieren erst beginnen, und uns zwei oder drei weitere Werke geschenkt, hätte sein berühmtes Beispiel die alten Prinzipien wiederhergestellt, auf denen die französische Oper seit Lullis Zeiten aufgebaut war. Im Gegenteil, Auber zog eine ganze Generation mit sich, die von italienischer Musik fasziniert war. Er ging sogar so weit, französische Wörter in italienische

Rhythmen zu packen. Das berühmte Duett *Amour sacré de la Patrie ist in Reimform verfasst, als ob der Text Amore sacro della patria* wäre . Das erkennt man nur beim Lesen, denn es wird nie so gesungen, wie es geschrieben steht.

Meyerbeer war also bis zu einem gewissen Grad verzeihlich, aber er missbrauchte jede Nachsicht in solchen Angelegenheiten. Um seine musikalischen Formen intakt zu halten – sogar in Rezitativen, die eigentlich nur vertonte Deklamationen sind – betonte er die schwachen Silben und umgekehrt; er fügte Wörter hinzu und machte unnötig falsche Verse und verwandelte schlechte Verse in noch schlechtere Prosa. All diese literarischen Abscheulichkeiten hätte er ohne Schaden für die Wirkung durch eine leichte Veränderung der Musik vermeiden können. Die den Musikern gegebenen Verse waren oft sehr schlecht, denn das war Mode. Der Versdichter glaubte, er habe seine Pflicht gegenüber seinem Mitarbeiter getan, indem er ihm Verse wie diese gab:

> Triomphe, das liebe ich!
>
> Mein extremster Frayeur
>
> Mir ist es egal
>
> Sende es mir!

Aber als Scribe seine Rohrflöten aufgab und sich an die Leier wagte, gab er Meyerbeer dies:

> Ich möchte sie bestrafen ... Du wirst sie übertreffen!

Und Meyerbeer hat es geschafft,

> Ich möchte sie bestrafen ... und sie werden dich übertreffen!

was kaum ermutigend war.

Meyerbeer hatte noch andere Manien. Die vielleicht bemerkenswerteste war, der Stimme musikalische Schemata zu geben, die eigentlich den Instrumenten zustehen. So lässt er im ersten Akt von *Le Prophète* , nachdem der Chor „ *Veille sur nous*" *gesungen hat* , diese Phrase abrupt wiederholen: „ *Sur nous! Sur nous!", und* zwar im Einklang mit den Orchesternoten, was, gelinde gesagt, *ein Ritornell ist* .

Auch in der großen Kathedralenszene lässt er das Orchester nicht durch die Stimmen den musikalischen Ausdruck von Fidès schluchzt hervorbringen: *Et toi, tu ne me connais pas* , sondern setzt sowohl die Instrumente als auch die

Stimmen gleichzeitig und auf Worte, die harmonieren überhaupt nicht mit der Musik.

Ich brauche nicht über seine maßlose Liebe zum Fagott zu sprechen, einem bewundernswerten Instrument, dessen Missbrauch man jedoch kaum missbrauchen sollte.

Doch bisher haben wir nur von Belanglosigkeiten gesprochen. Meyerbeers Musik ist, wie eine geistreiche Frau mir gegenüber einmal bemerkte, wie eine Bühnenkulisse – man sollte sie nicht zu genau untersuchen. Eine bessere Charakterisierung wäre schwer zu finden. Meyerbeer gehörte dem Theater an und suchte vor allem andere nach Theatereffekten. Doch das heißt nicht, dass ihm Einzelheiten gleichgültig waren. Er war ein reicher Mann und pflegte die Theater für die Mehrkosten zu entschädigen, die er ihnen verursachte. Er vermehrte die Proben, indem er mit dem Orchester verschiedene Versionen ausprobierte, um zwischen ihnen wählen zu können. Er goss seine Werke nicht in Bronze, wie so viele das tun, und präsentierte sie dem Publikum *ne varietur*. Er tastete sich ständig vor, goss neu und suchte nach dem Besseren, das sehr oft der Feind des Guten war. Infolge seiner fortwährenden Forschungen verwandelte er gute Ideen allzu häufig in minderwertige. Beachten Sie z. B. in *L'Etoile du Nord* die Passage „*Kinder aus der Ukraine als Wüstenkinder*" . Die Eröffnungspassage ist erhaben, entschlossen und malerisch, endet jedoch höchst unangenehm.

Er lebte immer allein und hatte keinen festen Wohnsitz. Im Sommer war er in Spa und im Winter am Mittelmeer; in Großstädten nur, weil ihn das Geschäft anzog. Er hatte keine finanziellen Sorgen und lebte nur, um seine Penelope-ähnliche Arbeit fortzusetzen, die eine große Liebe zur Perfektion zeigte, obwohl er nicht den besten Weg fand, sie zu erreichen. Sie haben versucht, diesen gewissenhaften Künstler auf die Liste der Erfolgssuchenden zu setzen, aber solche Männer sind normalerweise nicht daran gewöhnt, so zu arbeiten.

Da ich das Wort „Künstler" verwendet habe, ist es angebracht, einen Moment innezuhalten. Im Gegensatz zu Gluck und Berlioz, die mehr Künstler als Musiker waren, war Meyerbeer eher ein Musiker als ein Künstler. Daher nutzte er oft die raffiniertesten und gelehrtesten Mittel, um ein ganz gewöhnliches künstlerisches Ergebnis zu erzielen. Aber es gibt keinen Grund, warum er wegen Ergebnissen zur Rechenschaft gezogen werden sollte, die in den Werken so vieler anderer nicht einmal erwähnt werden.

Meyerbeer war der unangefochtene Führer der Opernwelt, als Robert Schumann den ersten Schlag gegen seine Vorherrschaft führte. Schumann kannte sich auf der Bühne nicht aus, obwohl er sich dort einmal unglücklich versucht hatte. Er erkannte nicht, dass es mehr als eine Art gibt, die Kunst der Musik auszuüben. Aber er griff Meyerbeer heftig wegen seines schlechten

Geschmacks und seiner italienischen Neigungen an und vergaß dabei völlig, dass Mozart, Beethoven und Weber, als sie für die Bühne arbeiteten, stark von der italienischen Kunst angezogen wurden. Später wollten die Wagnerianer Meyerbeer von der Bühne verdrängen und sich einen eigenen Platz verschaffen, und sie bekamen Anerkennung für einige von Schumanns scharfen Kritiken – und das trotz der Tatsache, dass Schumann und die Wagnerianer zu Beginn des Scharmützels ungefähr so gut miteinander auskamen wie Ingres und Delacroix und ihre Schulen. Aber sie vereinigten sich gegen den gemeinsamen Feind und die französischen Kritiker folgten ihnen. Die Meinung Berlioz' wurde von der Kritik völlig ignoriert, denn nachdem er Meyerbeer lange Zeit bekämpft hatte, nahm er ihn in den Kreis der Götter auf und verlieh ihm in seinem *Traité d'Instrumentation* die Krone der Unsterblichkeit.

Nebenbei bemerkt: Wenn es eine überraschende Seite in der Musikgeschichte gibt, dann ist es die hartnäckige Affektiertheit, Berlioz und Wagner in eine Kategorie zu stecken. Sie hatten nichts gemeinsam außer ihrer großen Liebe zur Kunst und ihrem Misstrauen gegenüber etablierten Formen. Berlioz verabscheute enharmonische Modulationen, Dissonanzen, die sich endlos nacheinander auflösen, durchgehende Melodien und alle gängigen Praktiken der futuristischen Musik. Er ging so weit, dass er behauptete, er verstehe nichts vom Vorspiel zu *Tristan* , was sicherlich eine aufrichtige Behauptung war, da er fast gleichzeitig die Ouvertüre zu *Lohengrin* , die ganz anders konzipiert ist, als Meisterwerk pries. Er gab nicht zu, dass die Stimme geopfert und auf den Rang einer einfachen Einheit des Orchesters degradiert werden sollte. Wagner seinerseits zeigte in Bestform eine Eleganz und Kunstfertigkeit der Feder, die man in Berlioz' Werk vergeblich suchen könnte. Berlioz öffnete dem Orchester die Türen einer neuen Welt. Wagner stürzte sich in dieses unbekannte Land und fand dort zahlreiche Länder, die er bearbeiten konnte. Doch wie unterschiedlich sind die Stile der beiden Männer! In ihrer Art, das Orchester und die Stimmen zu behandeln, in ihrer musikalischen Architektur und in ihrer Auffassung von der Oper!

Trotz des großen Wertes von *Les Troyens* und *Benvenuto Cellini* strahlte Berlioz im Konzertsaal am hellsten; Wagner ist in erster Linie ein Mann des Theaters. Berlioz zeigte in *Les Troyens deutlich* seine Absicht, sich Gluck zu nähern, während Wagner offen seine Verbundenheit gegenüber Weber und insbesondere der Partitur von *Euryanthe bekundete* . Er hätte vielleicht hinzufügen können, dass er Marschner etwas schuldete, aber darüber sprach er nie.

Je mehr wir die Werke dieser beiden genialen Männer studieren, desto mehr beeindruckt uns der enorme Unterschied zwischen ihnen. Ihre Ähnlichkeit ist einfach eines dieser imaginären Dinge, die die Kritiker allzu oft für die Realität halten. Lokalkolorit fanden die Kritiker einst in Rossinis *Semiramide* !

Hans de Bülow sagte einmal in einem Gespräch zu mir:

„Immerhin war Meyerbeer ein genialer Mann."

Wenn wir Meyerbeers Genie nicht anerkennen, sind wir nicht nur ungerecht, sondern auch undankbar. In jeder Hinsicht, in seiner Konzeption der Oper, in seiner Behandlung der Orchestrierung, in seinem Umgang mit Chören, sogar im Bühnenbild, gab er uns neue Prinzipien, von denen unsere modernen Werke in hohem Maße profitiert haben.

Théophile Gautier war kein Musiker, aber er hatte einen guten Musikgeschmack und beurteilte Meyerbeer wie folgt:

„Neben herausragenden musikalischen Talenten hatte Meyerbeer ein ausgeprägtes Gespür für die Bühne. Er geht einer Situation auf den Grund, folgt genau der Bedeutung der Worte und beobachtet sowohl die historische als auch die lokale Dimension seines Themas ... Nur wenige Komponisten haben die Oper so gut verstanden."

Der Erfolg der italienischen Schule schien dieses Verständnis und die Sorge um das lokale und historische Kolorit völlig zunichte gemacht zu haben. Rossini erlebte im letzten Akt des *Otello* und im *Guillaume Tell* seine Renaissance mit einer Kühnheit, die ihm Anerkennung verdient, aber es blieb Meyerbeer überlassen, ihm seinen früheren Glanz zurückzugeben.

Es ist unmöglich, seine Individualität zu leugnen. Die Verschmelzung seiner germanischen Neigungen mit seiner italienischen Bildung und seinen französischen Vorlieben bildete ein Werk von neuem Glanz und neuer Tontiefe. Sein Stil ähnelte keinem anderen. Fétis, sein großer Bewunderer und Freund und berühmter Direktor des Konservatoriums in Brüssel, bestand zu Recht auf dieser Auszeichnung. Sein Stil zeichnete sich durch die Bedeutung des rhythmischen Elements aus. Seine Ballettmusik verdankt ihre Exzellenz vor allem der malerischen Vielfalt der Rhythmen.

Anstelle der langen, komplizierten Ouvertüre gab er uns das kurze, markante Präludium, das so erfolgreich war. Auf die Präludien von *Robert* und *Les Huguenots* folgten die Präludien von *Lohengrin* , *Faust* , *Tristan* , *Romeo* , *La Traviata* , *Aida* und vielen anderen, weniger berühmten Stücken. Verdi in seinen letzten beiden Werken und Richard Strauss in *Salome* gingen sogar noch weiter und ließen das Präludium weg – eine nicht allzu angenehme Überraschung. Es ist wie ein Abendessen ohne Suppe.

Meyerbeer gab uns einen Vorgeschmack auf das berühmte *Leitmotiv* . Wir finden es bei *Robert* im Thema der Ballade, das das Orchester erneut spielt, während Bertram in den hinteren Teil der Bühne geht. Dies sollte dem Zuhörer seinen satanischen Charakter verdeutlichen. Wir finden es im Luthergesang in *Les Huguenots* und auch im Traum von *Le Prophète* während Jeans Rezitativ. Hier kündigt das Orchester mit seinem modulierten Klang die zukünftige Pracht der Kathedralenszene an, während eine Laute tiefe Töne spielt, die durch eine zarte Einflechtung der Violinen verschönert werden, und einen bemerkenswerten und beispiellosen Effekt erzeugt. Er führte die Blasinstrumenten-Ensembles (ich meine nicht die Blechbläser) auf die Bühne, die in Mozarts großen Konzerten so häufig vorkommen. Ein Beispiel hierfür ist der Auftritt von Alice im zweiten Akt von *Robert* . Ein Echo hiervon findet sich im Auftritt Elsas im zweiten Akt des *Lohengrin* . Ein weiteres Beispiel ist der Auftritt von Berthe und Fidès am Anfang von *Le Prophète* . In diesem Fall deutete der Autor auf eine Pantomime hin. Dies wird nie gespielt und so verliert dieses hübsche Stück seine ganze Bedeutung.

Meyerbeer wagte es, harmonische Kombinationen zu verwenden, die damals als gewagt galten. Sie tun so, als ob die Empfindlichkeit des Ohrs seitdem entwickelt worden sei, aber in Wirklichkeit ist es durch die heftigsten Zwietracht abgestumpft worden.

Der schöne „Fortschritt" des Exorzismus im vierten Akt von *Le Prophète* wurde nicht ohne Schwierigkeiten akzeptiert. Ich sehe Gounod immer noch vor mir, wie er am Klavier sitzt und die umstrittene Passage singt und versucht, eine Gruppe widerspenstiger Zuhörer von ihrer Schönheit zu überzeugen.

Meyerbeer entwickelte die Rolle des Englischhorns, das bis dahin nur selten und zaghaft eingesetzt wurde, und führte auch die Bassklarinette in das Orchester ein. Aber die beiden Instrumente, so wie er sie benutzte, wirkten dennoch etwas ungewöhnlich. Es waren Luxusobjekte, Fremde von Vornehmheit, denen man respektvoll begegnete und die keine große Rolle spielten. Unter Wagners Leitung wurden sie zu einem festen Bestandteil des Haushalts und brachten, wie wir wissen, eine Fülle von Farben mit.

Es ist eine offene Frage, ob Meyerbeer oder Scribe das erstaunliche Bühnenbild in der Kathedralenszene in *Le Prophète entworfen haben* . Es muss Meyerbeer gewesen sein, denn Scribe war von Natur aus kein Revolutionär, und diese Szene war wirklich revolutionär. Die brillante Prozession mit ihrer Schar von Darstellern, die über die Bühne durch das Kirchenschiff in den Chor zieht und dabei stets Abstand zum Publikum hält, ist eine eindrucksvolle, realistische und schöne Szene. Aber Regisseure, die große Kosten für die Kostüme aufwenden, können nicht verstehen, warum die Prozession anderswo als vor der Rampe so nah wie möglich am Publikum vorbeiziehen sollte, und es ist äußerst schwierig, ein anderes Vorgehen zu erreichen.

Darüber hinaus ging die amüsante Idee des Eislaufballetts auf Meyerbeer zurück. Damals gab es in Paris einen lustigen Kerl, der die Rollschuhe erfunden hatte und an schönen Abenden auf den großen Betonflächen der Place de la Concorde seinen Lieblingssport ausübte. Meyerbeer sah ihn und kam auf die Idee des berühmten Balletts. In den Anfängen der Oper war es sicherlich reizvoll zu sehen, wie die Schlittschuhläufer mit einem hübschen Chor und einem Rhythmus der Geigen, der von dem der Tänzer gesteuert wurde, auftraten. Aber die Aufführung begann um sieben und endete um Mitternacht. Jetzt fangen sie um acht an und um die Stunde zu gewinnen, mussten sie das Tempo beschleunigen. Daher wurde der betreffende Refrain geopfert. Das war schlecht für *Les Huguenots* . Der Autor versuchte, aus dem letzten Akt mit seinen wunderschönen Kirchenchören – einer Weiterentwicklung des Luthergesangs – und dem Schrecken des bevorstehenden Massakers viel zu machen. Aber dieser Akt wurde beschnitten, verstümmelt und allgemein unkenntlich gemacht. In einigen ausländischen Häusern geht man sogar so weit, es ganz zu unterdrücken.

Ich habe einmal den letzten Akt in seiner ganzen Vollständigkeit und mit sechs Harfen gesehen, die das berühmte Trio begleiteten. Wir werden die sechs Harfen nie wieder sehen, denn Garnier hat, anstatt die Orchesteraufstellung der alten Oper genau zu reproduzieren, es in der neuen so gut hinbekommen, dass sie nicht in der Lage sind, die sechs alten Harfen oder die vier Trommeln einzusetzen, mit denen Meyerbeer in *Robert* und *Le Prophète so überraschende Effekte erzielte* . Ich glaube jedoch, dass jüngste Verbesserungen dieses Desaster bis zu einem gewissen Grad abgewendet haben und dass es jetzt einen Platz für die Trommeln gibt. Aber die sechs Harfen werden wir nie wieder hören.

Wir müssen etwas zur Entstehung der Werke Meyerbeers sagen, denn diese war in vielen Fällen merkwürdig und nur wenige Menschen wissen darüber Bescheid.

II

Wir würden gerne Werke sähen, die dem Gehirn des Autors ebenso vollständig entsprangen wie Minerva, als sie dem Jupiters entsprang, aber das ist selten der Fall. Wenn wir die lange Reihe von Opern studieren, die Gluck schrieb, sind wir überrascht, auf Dinge zu stoßen, die wir schon zuvor in den Meisterwerken erkannt haben, die seinen Namen verewigt haben. Und oft wird die Musik in der veränderten Form an völlig andere Situationen angepasst. Die Worte eines Anhängers werden zur furchteinflößenden Prophezeiung eines Hohepriesters. Das Trio in *Orphée* mit seiner zärtlichen Liebe und seinen Ausdrücken vollkommenen Glücks bebt geradezu vor traurigen Akzenten. Die Musik war für eine völlig andere Situation geschrieben worden, die sie rechtfertigte. Massenet hat uns erzählt, er habe rechts und links aus seiner unveröffentlichten Partitur *La Coupe du Roi de Thulé* geborgt. Das tat Gluck mit seiner wenig erfolgreichen *Elena e Paride*. Ich kann ebenso gut gestehen, dass eines der Ballette in *Heinrich VIII.* dem Finale einer einaktigen Opéra-comique entsprang. Dieses Werk war fertig und bereit zur Probe, als das Ganze unterbrochen wurde, weil ich die Kühnheit besaß, gegenüber Nestor Roqueplan, dem Direktor des Favart-Saals, zu behaupten, dass Mozarts *Le Nozze di Figaro* ein Meisterwerk sei.

Meyerbeer versuchte wie kein anderer, seine Ideen nicht zu verlieren, und die Untersuchung ihrer Umwandlung ist äußerst interessant. Eines Tages erfuhr Nuitter, der Archivar der Oper, von einem wichtigen Manuskriptverkauf in Berlin. Er besuchte den Verkauf und brachte viele Entwürfe Meyerbeers mit, darunter Studien zu einem *Faust* , den der Autor nie beendete. Diese Fragmente lassen keine Vorstellung davon zu, wie das Stück ausgesehen hätte. Wir sehen Faust und Mephistopheles durch die Hölle wandeln. Sie kommen zum Baum der menschlichen Erkenntnis am Ufer des Styx und Faust pflückt die Frucht. Aufgrund dieses Details kann man sich leicht vorstellen, dass das Libretto bizarr ist. Der Autor dieses erstaunlichen Librettos ist unbekannt, doch es ist nicht verwunderlich, dass Meyerbeer es bald aufgab. Aus diesem totgeborenen *Faust* konstruierte Scribe auf Bitten des Autors *Robert le Diable* . Eine von Faust am Ufer des Styx gesungene Arie wird zum *Valse Infernale* .

Die Notwendigkeit, bereits vorhandene Fragmente zu verwenden, erklärt einen Teil der Inkohärenz dieses unverständlichen Stücks. Es erklärt auch die Erschaffung von Bertram, halb Mensch, halb Teufel, der als Ersatz für Mephistopheles erfunden wurde. Die Frucht vom Baum der menschlichen Erkenntnis wurde im dritten Akt zum *Rameau Vénéré* , und die schöne religiöse Szene im fünften Akt, die keinen Bezug zur Handlung hat, ist eine Umsetzung der Osterszene.

Man sollte Scribe also nicht dafür tadeln, dass er ein schlechtes Stück geschrieben hat, obwohl er mit so vielen Schwierigkeiten zu kämpfen hatte. Er muss ein wenig den Kopf verloren haben, denn Roberts Mutter hieß im ersten Akt Berthe und im dritten Rosalie. Die Antwort könnte jedoch sein, dass sie ihren Namen änderte, als sie religiös wurde.

L'Etoile du Nord auf eine nicht minder schwierige Probe gestellt . Als Meyerbeer Dirigent an der Berliner Oper war, schrieb er auf Kommando *Le Camp de Silesie* mit Friedrich dem Großen als Held und Jenny Lind als musikalischem Star. Wie wir wissen, war Friedrich Musiker, denn er komponierte und spielte Flöte, während Jenny Lind, die schwedische Nachtigall, eine großartige Sängerin war. Ein Wettstreit zwischen der

Nachtigall und der Flöte war unvermeidlich, denn „theaterlicher Instinkt" ist eine nichtige Phrase. Aber in Scribes Stück nahm Peter der Große den Platz Friedrichs des Großen ein, und um ein Motiv für die Vorschlagsnoten im letzten Akt zu liefern, musste der schreckliche Zar, ein halb wilder Barbar, das Flötespielen lernen.

Es lohnt sich nicht zu erzählen, wie der Zar Flötenunterricht bei einem jungen Konditor nahm, der mit einem Korb voller Kuchen auf dem Kopf auf die Bühne kam; wie der Koch später zum Lord wurde und viele andere Details dieses absurden Stücks. Es ist erlaubt, auf der Bühne absurd zu sein, wenn es so geschieht, dass die Absurdität vergessen wird. Aber in diesem Fall war es unmöglich, die Absurditäten zu vergessen. Die Extravaganz des Librettos führte den Musiker zu vielen unglücklichen Dingen. Diese äußerst interessante Partitur ist sehr uneinheitlich, aber es gibt tausend Details, die die Aufmerksamkeit eines professionellen Musikers wert sind. An manchen Stellen kommt in der Partitur sogar Schönheit zum Vorschein, und es gibt charmante und malerische Passagen, aber auch Kindlichkeiten und schockierende Vulgaritäten.

Die Neugier des Publikums wurde lange Zeit durch geschickte Vorankündigungen geweckt und erreichte ihren Höhepunkt, als *L'Etoile du Nord* erschien. Das Werk wurde von den außergewöhnlichen Talenten Bataille und Caroline Duprez getragen und war zu Beginn enorm erfolgreich, doch dieser Erfolg ist stetig zurückgegangen. Faure und Madame Patti haben in London einige hervorragende Aufführungen gegeben. Wir werden wahrscheinlich nie wieder ihresgleichen sehen, und das ist weder aus künstlerischer noch aus künstlerischer Sicht wünschenswert.

Les Huguenots war keine aus anderen Opern zusammengestückelte Oper, aber sie erreichte das Publikum nicht so, wie der Autor sie geschrieben hatte. Zu Beginn des ersten Aktes gab es ein Pokal- und Ballspiel, das sich der Autor in den Kopf gesetzt hatte. Aber die Kugeln mussten genau im in der Partitur angegebenen Moment einschlagen, und das gelang den Spielern nie. Die Passage musste gestrichen werden, ist aber in der Bibliothek der Opéra erhalten. Auch die Rolle von Katharina von Medici, die den Vorsitz bei der Konferenz führen sollte, bei der das Massaker an der Bartholomäusnacht geplant wurde, musste gestrichen werden. Ihre Rolle wurde mit der von St. Pris zusammengelegt. Auch die erste Szene im letzten Akt, in der Raoul, zerzaust und blutüberströmt, den Ball unterbrach und die Fröhlichkeit störte, indem er den erstaunten Tänzern das Massaker verkündete, wurde gestrichen.

Es ist jedoch fraglich, ob wir der Legende Glauben schenken sollen, das große Duett, der Höhepunkt des gesamten Werks, sei auf Wunsch von Norritt und Madame Falcon während der Proben improvisiert worden. Das ist schwer zu glauben. Das Werk wurde, wie man weiß, Mérimees *Chronique du règne de Charles IX entnommen* . Diese Szene kommt in dem Roman vor, und es ist nahezu unmöglich, dass Meyerbeer nicht daran gedacht hat, sie in seine Oper einzubauen. Wahrscheinlicher ist, dass die Leute im Theater wollten, dass der Akt mit der Segnung der Dolche endet, und der Autor, der sein Duett in seiner Mappe hatte, es nur noch herausnehmen musste, um seine Interpreten zufriedenzustellen. Eine so schöne Szene mit ihrem Schwung und ihrer angenehmen Neuerung wird nicht hastig geschrieben. Dieses Duett sollte man hören, wenn die Absichten des Autors und die Nuancen, die Teil der Idee sind, respektiert und nicht durch geschmacklose Erfindungen ersetzt werden, die man als Traditionen zu bezeichnen wagt. Die wahren Traditionen sind verloren gegangen, und diese bewundernswerte Szene hat ihre Schönheit verloren.

Die Art und Weise, wie das Duett endet, wurde nicht ausreichend zur Kenntnis genommen. Raouls Satz „ *Gott beschütze unsere Tage. Gott, unsere Zuflucht!*" bleibt in der Schwebe und wird vom Orchester zu Ende gebracht. Dies ist das erste Beispiel einer in modernen Werken häufig angewandten Vorgehensweise.

Wir wissen nicht, wie Meyerbeer auf die Idee kam, den schismatischen John Hus unter dem Namen John of Leyden auf die Bühne zu bringen. Ob diese Idee ursprünglich von ihm stammte oder von Scribe vorgeschlagen wurde, der aus John einen fantastischen Menschen machte, wissen wir nicht. Wir wissen nur, dass die Rolle der Mutter des Propheten ursprünglich Madame Stoltz zugedacht war, diese jedoch die Oper verlassen hatte. Meyerbeer hörte Madame Pauline Viardot in Wien und fand in ihr sein Ideal, so dass er für sie die gefürchtete Rolle der Fidès schuf. Die Rolle des Jean wurde dem Tenor Roger, dem Star der Opéra-Comique, übertragen, und er spielte und sang sie gut. Levasseur, der Marcel von *Les Huguenots* und der Bertram von *Robert* , spielte die Rolle von Zacharie.

Le Prophète war trotz der damals mächtigen Weihrauchträger der italienischen Schule ein enormer Erfolg. Heute sehen wir eher seine Mängel als seine Verdienste. Meyerbeer wird dafür kritisiert, dass er Theorien, die er nicht kannte, nicht in die Praxis umsetzte, und seine Furchtlosigkeit, die für diese Zeit groß war, wird nicht gewürdigt. Niemand sonst hätte die Szene in der Kathedrale mit so viel Pinselstrichen und außerordentlicher Brillanz zeichnen können. Die Paraphrase von *Domine salvum fac regem* offenbart großen Einfallsreichtum. Seine Methode, die Orgel zu behandeln, ist wunderbar, und seine Idee des Ritournello *Sur le Jeu de hautbois* ist bezaubernd. Dieses geht dem Kinderchor voraus und führt ihn ein. Es basiert auf einem neuartigen Thema, das von den Chören, dem Orchester und der Orgel gemeinsam brillant entwickelt wird. Die Wiederholung von *Domine Salvum* am Ende der

Szene, die abrupt in einer anderen Tonart hervorbricht, ist voller Farbe und
Charakter.

Meyerbeer, Komponist von *Les Huguenots*

III

Die Geschichte von *Le Pardon de Ploërmel* ist interessant. Zuerst hieß es
Dinorah, ein Name, den Meyerbeer im Ausland aufnahm. Doch Meyerbeer
änderte die Titel seiner Opern im Laufe der Proben gerne mehrmals, um die
Neugier des Publikums auf Hochtouren zu halten. Er hatte die Idee, eine
Opéra-comique in einem Akt zu schreiben, und bat seine Lieblingskollegen
Jules Barbier und Michael Carré um ein Libretto. Sie produzierten *Dinorah* in
drei Szenen und mit nur drei Charakteren. Die Musik wurde umgehend
geschrieben und Perrin übergeben, dem berühmten Regisseur, dessen
unglücklicher Einfluss sich bald bemerkbar machte. Die erste Idee eines
Regisseurs bestand damals darin, Änderungen an dem ihm vorgelegten Stück
einzufordern. „Ein einziger Akt von Ihnen, Meister? Ist das zulässig? Was
können wir danach anziehen? Ein neues Werk von Meyerbeer sollte den
ganzen Abend einnehmen." So redete der hinterlistige Regisseur, und die
Chance, dass man ihm zuhörte, war umso größer, als der Autor von einer
Manie für Retusche und Änderungen besessen war. Also nahm Meyerbeer
die Partitur mit ans Mittelmeer, wo er den Winter verbrachte. Im nächsten
Frühjahr brachte er das Werk zurück, das zu drei Akten mit Chören und
Nebenfiguren weiterentwickelt wurde. Außer diesen Ergänzungen hatte er
die Worte geschrieben, die Barbier und Carré hätten tun sollen.

Die Proben waren langwierig. Meyerbeer wollte Faure und Madame Carvalho in den Hauptrollen, aber die eine war an der Opéra-Comique und die andere in ihrem eigenen Haus, dem Théâtre-Lyrique. Das Werk wanderte zwischen dem Place Favart und dem Place du Châtelet hin und her. Aber das Zögern des Autors war im Grunde nur ein Vorwand. Er wollte eine Verschiebung von Limnanders Oper *Les Blancs et les Bleus erreichen* . Die Handlung dieses Werks und auch von *Dinorah* spielten in der Bretagne. In der Hoffnung, Meyerbeers Wahl zu sein, wiesen beide Theater den armen Limnander ab. Schließlich fiel *Dinorah* der Opéra-Comique zu. Nach langer, harter Arbeit, die der Autor verlangte, lieferten Madame Cabel und MM. Faure und Sainte-Foix eine perfekte Vorstellung.

Es gab viel Kritik daran, dass Jäger, Schnitter und Hirte zu Beginn des dritten Akts gemeinsam ein Gebet singen. Dies galt nicht als theatralisch; heute ist es eine Tugend.

Es wurde viel über *die „Africanne" gesprochen* , die schon lange gesucht wurde und die beinahe legendär und geheimnisvoll schien; und das ist sie auch heute noch. Das Thema der Oper war unbekannt. Man wusste nur, dass der Autor einen Interpreten suchte und keinen fand, der ihm gefiel.

Dann erschien Marie Cruvelli, eine deutsche Sängerin mit italienischer Ausbildung. Mit ihrer Schönheit und ihrer erstaunlichen Stimme leuchtete sie wie ein Meteor am Theaterhimmel. Meyerbeer fand in ihr seine Africanne verwirklicht und auf seinen Wunsch hin wurde sie an die Opéra engagiert. Ihre Verlobung war Anlass für eine brillante Wiederaufnahme von *Les Huguenots* , für die Meyerbeer neue Ballettmusik schrieb. Heute haben wir keine Ahnung, was *Les Huguenots* damals war. Dann kehrte der Autor zu seiner Africanne zurück und machte sich wieder an die Arbeit. Er besuchte die brillante Sängerin fast täglich, als sie plötzlich ankündigte, dass sie die Bühne verlassen würde, um Comtesse Vigier zu werden! Meyerbeer war entmutigt und warf sein unvollendetes Manuskript in eine Schublade, wo es blieb, bis Marie Sass ihre Stimme und ihr Talent so entwickelt hatte, dass er beschloss, ihr die Rolle der Sélika anzuvertrauen. Er wollte Faure für die Rolle des Nelusko und dieser war bereits an der Oper, also ließ er die Direktion auch Naudin, den italienischen Tenor, engagieren.

Doch Scribe war in der langen Zeit seit der Hochzeit der Comtesse Vigier gestorben. Meyerbeer war nun auf sich allein gestellt und da er zu sehr zu Überarbeitungen aller Art neigte, überarbeitete er das Stück nach seinen Vorstellungen. Als es fertig war, ähnelte es überhaupt nicht mehr und der Autor plante, es bei den Proben fertigzustellen.

Wie wir wissen, starb Meyerbeer plötzlich. Er war sich bewusst, dass er im Sterben lag, und da er wusste, wie wichtig seine Anwesenheit für eine Aufführung von *L'Africanne war* , verbot er die Aufführung. Sein Verbot war jedoch nur mündlich, da er nicht mehr schreiben konnte. Das Publikum wartete ungeduldig auf *L'Africanne*, also wurde die Aufführung durchgeführt.

Als Perrin und sein Neffe du Locle das Paket mit den Manuskripten öffneten, das Meyerbeer hinterlassen hatte, waren sie verblüfft, kein *L'Africanne zu finden*.

„Macht nichts", sagte Perrin, „die Öffentlichkeit will eine *Africanne* und sie soll auch eine haben."

Er rief Fétis, Meyerbeers begeisterten Bewunderer, zu sich, und den dreien, Fétis, Perrin und du Locle, gelang es, aus den Fetzen, die der Autor in Unordnung hinterlassen hatte, die Oper weiterzuentwickeln, die wir kennen. Dies gelang ihnen jedoch nicht ohne erhebliche Schwierigkeiten, ohne einige Inkohärenzen, zahlreiche Streichungen und sogar Ergänzungen. Perrin war der Erfinder der wunderbaren Karte, auf der Sélika Madagaskar erkannte. Sie führten die Figuren dorthin, um den Begriff „Africanne" zu rechtfertigen, der für die Heldin verwendet wurde. Sie führten auch die Brahmanenreligion in Madagaskar ein, um zu vermeiden, dass die Charaktere nach Indien verlegt werden, wo der vierte Akt stattfinden sollte. Die Uraufführung stand unmittelbar bevor, als sie feststellten, dass das Werk zu lang war. Also haben sie ein originelles Ballett herausgeschnitten, in dem ein Wilder eine Tom-Tom schlug, und sie haben es gnadenlos zusammengeschnitten und zusammengefügt. Im letzten Akt soll Sélika, allein und im Sterben, wie in einer Vision das Paradies der Brahmanen erscheinen sehen. Da Faure aber im Finale noch einmal auftreten wollte, mussten sie ein wenig aus dem dritten Akt übernommen und die Vision unterdrücken. Aus diesem Grund erliegt Nelusko so schnell dem tödlichen Duft der giftigen Blumen, während Sélika sich so lange widersetzt. Das Riturnello von Sélikas Arie, das bei heruntergelassenem Vorhang vorgetragen werden sollte, während die Königin über das Meer und auf das am Horizont abfahrende Schiff blickt, wurde zum Vehikel für Zugaben – das Letzte, woran Meyerbeer jemals gedacht hatte. Aber das Schlimmste war die Freiheit, die sich Fétis bei der Retusche der Orchestrierung nahm. Als Kompliment an Adolph Sax ersetzte er die vom Autor angegebene Bassklarinette durch ein Saxofon. Dies führte dazu, dass der Teil der Arie, der mit *O Paradis sorti de l'onde begann, unterdrückt wurde*, da das Saxophon keine gute Wirkung erzielte. Fétis erlaubte Perrin auch, ein Basssolo in einen Refrain, den Bishop's Chorus, umzuwandeln. Der große Stimmumfang ist für einen Refrain schlecht geeignet. Einige barbarische Modulationen sind sicherlich apokryph …

Wir können uns nicht vorstellen, was *L'Africanne* gewesen wäre, wenn Scribe noch gelebt hätte und die Autoren es in Form gebracht hätten. Das Werk, das wir haben, ist unlogisch und unvollständig. Die Worte sind einfach monströs und Scribe hätte sie sicherlich nicht beibehalten. Dies ist der Fall in der Passage des großen Duetts:

> Oh, meine Selika, bleib bei mir!

> —Ah! das sind nicht diese verdammten Worte!

> Sie werden mir auch gefallen ...

Die mit diesem unmöglichen Stück verbundene Musik hatte jedoch ihre Bewunderer – sogar fanatische Bewunderer – so groß war das Prestige des Namens des Autors zum Zeitpunkt seines Erscheinens. Wir dürfen nicht vergessen, dass es in diesem Chaos tatsächlich einige schöne Seiten gibt . Als Hinweise hierfür seien die religiöse Zeremonie im vierten Akt und das von den *Pizzicati des Basses* begleitete Brahmanenrezitativ genannt. Die letzte Passage ist jedoch nicht dafür; Sie spielen es ohne Überzeugung herunter und berauben es so seiner ganzen Stärke und Majestät.

Ich sagte zu Beginn dieser Studie, dass wir Meyerbeer gegenüber undankbar seien, und diese Undankbarkeit ist auf Seiten Frankreichs doppelt so groß, denn er liebte sie. Er musste nur das Wort sagen, um jedes Theater in Europa für ihn zu öffnen, doch er zog allen die Opéra in Paris und sogar die Opéra-Comique vor, wo die Chöre und das Orchester viel zu wünschen übrig ließen. Als er, nachdem er in Italien *Margherita d'Anjou* und *Le Crociato* gegeben hatte, für Paris arbeitete , war er gezwungen, sich ebenso wie Rossini und Donizetti dem französischen Geschmack anzupassen. Letzterer schrieb für die Opéra-Comique *La Fille du Régiment* ein militärisches und patriotisches Werk, dessen schneidiger und glorreicher *Salut à la France* in der ganzen Welt widerhallte. Ausländer geben sich heutzutage nicht mehr so viel Mühe, und Frankreich applaudiert *Die Meistersinger* , die mit einer Hymne an die deutsche Kunst enden. Das ist Fortschritt!

Etwas muss über eine wenig bekannte Partitur gesagt werden, *Struensée* , die für ein Drama geschrieben wurde, das so schwach war, dass es der Musik den verdienten Erfolg verwehrte. Der Komponist zeigte sich hierin künstlerischer als in allem anderen, was er tat. Sie hätte im Odéon zusammen mit einem anderen Stück von Jules Barbier zum gleichen Thema zu hören sein sollen. Die Ouvertüre erschien früher in den Konzerten, ebenso wie die Polonnaise, aber ebenso wie die Ouvertüre zu *Guillaume Tell* sind sie verschwunden. Diese Ouvertüren sind nicht zu vernachlässigen. Die Ouvertüre zu *Guillaume Tell* ist bemerkenswert für die ungewöhnliche Erfindung der fünf Violoncelli und ihren Sturm mit ihrem originellen Anfang, ganz zu schweigen von ihrer hübschen Pastorale. Die schöne Tontiefe im Exordium von *Struensée* und die Fugenentwicklung im

Hauptthema sind ebenfalls nicht zu verachten. Aber all dem, so wird uns gesagt, fehlt es an Höhe und Tiefe. Möglicherweise; aber es ist nicht immer notwendig, in die Hölle hinabzusteigen und in den Himmel aufzusteigen. In diesen Ouvertüren steckt sicherlich mehr Musik als in Griegs *Peer Gynt* , das uns so oft in die Ohren gehauen wurde.

Aber genug davon. Ich muss mit den Opern aufhören, denn um den Rest seiner Musik zu betrachten, müsste ich eine eigene Studie darüber anfertigen, und das würde zu weit vom Thema abschweifen. Ich hoffe, dass diese Zeilen eine unnötige Ungerechtigkeit wiedergutmachen und die anspruchsvollen Leser auf einen großen Musiker lenken, dem das Publikum immer wieder zuhörte und applaudierte.

KAPITEL XXI

JACQUES OFFENBACH

Es ist gefährlich, Prophezeiungen zu machen. Vor kurzem sprach ich von Offenbach, versuchte, seinen wunderbaren natürlichen Gaben gerecht zu werden und beklagte, dass er sie verschwendete. Und ich war unvorsichtig genug zu sagen, dass die Nachwelt ihn nie kennenlernen würde. Jetzt beweist die Nachwelt, dass ich Unrecht hatte, denn Offenbach kommt wieder in Mode. Unsere zeitgenössischen Komponisten vergessen, dass Mozart, Beethoven und Sebastian Bach manchmal zu lachen wussten. Sie misstrauen jeder Fröhlichkeit und erklären sie für unästhetisch. Da das gute Publikum sich nicht damit abfinden kann, ohne Fröhlichkeit auszukommen, wendet es sich der Operette zu und wendet sich natürlich Offenbach zu, der sie schuf und einen unerschöpflichen Vorrat lieferte. Mein Ausdruck ist nicht übertrieben, denn Offenbach träumte kaum davon, eine Kunst zu schaffen. Er war mit einem Genie für das Komische und einer Fülle von Melodien ausgestattet, aber er dachte nicht daran, etwas anderes zu tun, als Material für das Theater zu liefern, das er damals leitete. Tatsächlich war er fast dessen einziger Autor.

Er konnte sich von seinen germanischen Einflüssen nicht befreien und verdarb so den Geschmack einer ganzen Generation durch seine falsche Prosodie, die fälschlicherweise als Originalität angesehen wurde. Außerdem mangelte es ihm an Geschmack. Damals legten sie den schrecklichen Manierismus an den Tag, immer bei der vorletzten Note einer Passage anzuhalten, unabhängig davon, ob diese mit einer stummen Silbe verbunden war oder nicht. Dieser Manierismus hatte keinen Zweck, außer dem Publikum das Ende einer Passage anzuzeigen und der Claque das Signal zum Applaus zu geben. Offenbach gehörte nicht zu jener heroischen Sorte, für die der Erfolg die geringste Sorge ist. Also übernahm er diesen Manierismus, und oft werden seine raffiniert gedrehten und bezaubernden Couplets durch diese alberne Absurdität ruiniert, die mittlerweile aus der Mode gekommen ist.

Außerdem war er ein schlechter Autor, denn seine frühe Ausbildung wurde vernachlässigt. Wenn die *Hoffmanns Erzählungen* Spuren einer geübten Schreibkunst aufweisen, dann deshalb, weil Guiraud die Partitur fertiggestellt und sich große Mühe gegeben hat, einige Fehler des Autors zu korrigieren. Wenn wir die schlechte Prosodie und die kleinen Geschmacksmängel beiseite lassen, haben wir ein Werk hinterlassen, das einen Reichtum an Erfindungsreichtum, Melodie und funkelnder Fantasie aufweist, der mit dem von Grétry vergleichbar ist.

Grétry war ebenso wenig ein großartiger Musiker wie Offenbach, denn auch er schrieb schlecht. Der wesentliche Unterschied zwischen beiden bestand in der Sorgfalt nicht nur in seiner Prosodie, sondern auch in seiner Deklamation, die Grétry mit größtmöglicher Genauigkeit musikalisch wiederzugeben versuchte. Damit ist er über das Ziel hinausgeschossen, denn er sah nicht, dass beim Singen der Ausdruck einer Note durch das sie begleitende harmonische Schema verändert wird. Darüber hinaus muss man anerkennen, dass Grétry oft von seinem melodischen Einfallsreichtum mitgerissen wurde und seine eigenen Prinzipien vergaß, so dass er seine Sorge um die Deklamation in den Hintergrund rückte.

Was Grétry verletzte, war seine grenzenlose Selbstgefälligkeit, von der Offenbach seiner Meinung nach nie betroffen war. Als Hinweis darauf wagte er in seinen Ratschlägen an junge Musiker zu schreiben:

„Wer Genie hat, wird eine Opéra-comique wie meine machen; wer Talent hat, wird Opern wie die von Gluck schreiben; während diejenigen, die weder Genie noch Talent haben, Sinfonien wie die von Haydn schreiben werden."

Er versuchte jedoch, eine Oper wie die von Gluck zu machen, und trotz seiner großen Bemühungen und seiner interessanten Erfindungen konnte er das Werk seines beeindruckenden Rivalen nicht erreichen.

Obwohl er kein großer Musiker war, hatte Offenbach einen überraschenden natürlichen Instinkt und machte hier und da merkwürdige Entdeckungen in der Harmonie. Wenn ich von diesen Entdeckungen spreche, muss ich ein wenig auf die Theorie der Harmonie eingehen und mich damit abfinden, dass nur diejenigen meiner Leser sie verstehen, die mehr oder weniger Musiker sind. In einem kleinen Werk, *Daphnis et Chloé*, wagte Offenbach eine Dominantsepte ohne Einleitung oder Schluss – eine außergewöhnliche Kühnheit zu der Zeit. Um dies zu verstehen, ist ein kurzer Kurs in Harmonie erforderlich. Wir müssen mit der Tatsache beginnen, dass theoretisch alle Dissonanzen eingeleitet und abgeschlossen werden müssen, was wir hier nicht erklären können, aber dieses Hineinführen und Wegführen hat den Zweck, die Härte der Dissonanz zu mildern, die in vergangenen Zeiten sehr gefürchtet wurde. Nehmen Sie bitte die einfache Tonart C. *Do* ist der Grundton, *Sol* ist die Dominante. Setzen Sie auf diese Dominante zwei Terzen – *si-re* – und Sie haben den perfekten Dominantakkord. Fügen Sie eine Terz *fa hinzu* und Sie haben den berühmten Dominantseptakkord, eine Dissonanz, die heute tatsächlich angenehm erscheint. Noch vor nicht allzu langer Zeit glaubte man, man müsse sich auf Dissonanzen vorbereiten. Im 16. Jahrhundert galten sie als überhaupt nicht zulässig, da man die beiden Töne *si* und *fa* gleichzeitig hört und dies für das Ohr unerträglich erscheint. Man nannte es den *Diabolus in musica*.

Palestrina war der erste, der es in einer Hymne verwendete. Darüber gehen die Meinungen auseinander, und bestimmte Harmonielehren behaupten, dass der von Palestrina verwendete Akkord nur das Aussehen einer Dominantseptakkorde habe. Ich stimme dieser Ansicht nicht zu. Aber wie dem auch sei, der Ruhm, den Teufel in der Musik entfesselt zu haben, gehört Montreverde. Das war der Beginn der modernen Musik.

Später wurde eine neue Terz hinzugefügt und man wagte sich an den Akkord *sol-si-re-fa-la* . Der Erfinder ist unbekannt, aber Beethoven scheint der erste gewesen zu sein, der ihn in nennenswertem Umfang verwendet hat. Er verwendete den Akkord auf eine Weise, dass er in seinen Werken trotz seiner heutigen Verwendung wie etwas Neues und Fremdartiges erscheint. Dieser Akkord prägt das zweite *Motiv* des ersten Teils der *c-Moll-Sinfonie* . Das ist es, was dem langen Zwiegespräch zwischen Flöte, Oboe und Klarinetten im *Andante* derselben Sinfonie einen so erstaunlichen Reiz verleiht, das den Zuhörer immer wieder überrascht und erregt. Fétis wetterte in seinem *Traité d'Harmonie* gegen diese entzückende Passage. Er gibt zu, dass die Leute sie mögen, aber seiner Meinung nach hatte der Autor kein Recht, sie zu schreiben, und der Zuhörer hat kein Recht, sie zu bewundern. Gelehrte haben oft seltsame Ideen.

Dann kam Richard Wagner und die Herrschaft der neunten Dominante nahm den Platz der siebten ein. Das ist es, was *Tannhäuser* und *Lohengrin* ihren aufregenden Charakter verleiht, der denen lieb ist, die in der Musik vor allem das Vergnügen durch Schocks des Nervensystems verlangen. Nachahmer sind diesem einfachen Verfahren zum Opfer gefallen und bilden sich mit lächerlicher Naivität ein, dass sie auf diese Weise Wagner leicht nachempfinden könnten. Und es ist ihnen gelungen, diesen wertvollen Akkord absolut banal zu machen.

Jacques Offenbach

Durch Hinzufügen einer weiteren Terz erhalten wir die Dominante und die Undezime. Offenbach verwendete diese, aber seitdem hat sie nur eine kleine Rolle gespielt. Darüber hinaus können wir nicht gehen, eine weitere Terz und wir sind wieder beim Grundton, zwei Oktaven entfernt.

Doch Innovationen in Sachen Harmonie sind in Offenbachs Werk selten. Was ihn interessant macht, ist seine Fruchtbarkeit im Erfinden von Melodien, und nur wenige haben ihn darin erreicht. Er improvisierte ständig und mit unglaublicher Geschwindigkeit. Seine Manuskripte erwecken den Eindruck, als seien sie mit der Spitze einer Nadel angefertigt worden. Es gibt nirgends darin etwas Unnützes. Er benutzte so oft er konnte Abkürzungen und die Einfachheit seiner Harmonie half ihm dabei. Dadurch gelang es ihm, seine Lichtwerke in äußerst kurzer Zeit herzustellen.

Er hatte das Glück, Madame Ugalde für sein Ensemble zu gewinnen. Ihre Fähigkeiten hatten bereits begonnen, nachzulassen, aber sie war immer noch brillant. Während sie eine spektakuläre Wiederaufnahme von *Orphée aux Enfers gab* , schrieb er *Les Bavards* für sie. Er war von der Hoffnung auf eine ungewöhnliche Interpretation beseelt und übertraf sich selbst so sehr, dass er ein kleines Meisterwerk schuf. Eine Wiederaufnahme dieses Werks wäre sicherlich erfolgreich, wenn das möglich wäre, aber die besonderen Verdienste der Schöpferin dieser Rolle wären notwendig und ich sehe sie nirgendwo ähnlich.

Es ist merkwürdig, aber wahr, dass Offenbach alle seine guten Eigenschaften verlor, sobald er sich selbst ernst nahm. Aber er war nicht der einzige in der

Musikgeschichte, der das tat. Cramer und Clementi schrieben Studien und Übungen, die stilistische Wunderwerke sind, aber ihre Sonaten und Konzerte sind in ihrer Mittelmäßigkeit ermüdend. Offenbachs Werke, die an der Opéra-Comique aufgeführt wurden – *Robinson Crusoé*, *Vert-Vert* und *Fantasio* – sind *La Chanson de Fortunio*, *La Belle Hélène und vielen anderen zu Recht berühmten Operetten* weit unterlegen. Es gab mehrere unrentable Wiederaufführungen von *La Belle Hélène*. Das liegt daran, dass die Rolle der Helena ursprünglich für Fräulein Schneider gedacht war. Sie war schön und begabt und hatte eine bewundernswerte Mezzosopran-Stimme. Die leise Stimme eines gewöhnlichen Operettensängers reicht für diese Rolle nicht aus. Darüber hinaus sind Traditionen entstanden. Das komische Element wurde unterdrückt und das Stück durch diese Veränderung denaturiert. In Deutschland kam man auf die Idee, diese Farce ernsthaft in einem archaischen Bühnenbild aufzuführen!

Jacques Offenbach wird ein Klassiker. Das mag zwar unerwartet sein, aber was passiert nicht? Alles ist möglich – sogar das Unmögliche.

KAPITEL XXII

IHRE MAJESTÄTEN

Königin Victoria erwies mir die Ehre, mich zweimal auf Schloss Windsor zu empfangen, und Königin Alexandra erwies mir die gleiche Ehre im Buckingham Palace in London. Als ich Königin Victoria zum ersten Mal sah, wurde ich ihr von der Baroness de Caters vorgestellt. Sie war die Tochter von Lablache und hatte eine der schönsten Stimmen und das größte Talent, die ich je gekannt habe. Diese charmante Frau war Witwe geworden und so wurde sie Künstlerin, trat in Konzerten auf und gab Gesangsunterricht. Zu der Zeit, von der ich spreche, unterrichtete sie Prinzessin Beatrice, die heutige Schwiegermutter des Königs von Spanien. In all der Pracht der Frische ihrer Jugend war die Prinzessin mit einer bezaubernden Stimme ausgestattet, die von der Baronin perfekt geführt wurde. Die Prinzessin empfing Madame de Caters und mich mit einer Anmut, die durch ihre ungewöhnliche Schüchternheit noch verstärkt wurde. Ihre Majestät beendete inzwischen ihr Mittagessen. Ich war etwas besorgt, weil ich von der Kälte gehört hatte, die die Königin bei dieser Art von Audienz an den Tag legte, und war daher mehr als überrascht, als sie mit ausgestreckten Händen hereinkam, um meine zu ergreifen, und als sie mich mit echter Herzlichkeit ansprach. Sie mochte Baroness de Caters sehr und das war das Geheimnis des Empfangs, der mich sofort beruhigte.

Ihre Majestät wollte mich auf der Orgel spielen hören (es gibt eine ausgezeichnete in der Kapelle von Windsor) und dann auf dem Klavier. Schließlich hatte ich die Ehre, die Prinzessin zu begleiten, als sie die Arie von *Etienne Marcel sang* . Ihre Königliche Hoheit sang mit großer Klarheit und Deutlichkeit, aber es war das erste Mal, dass sie vor ihrer erhabenen Mutter sang, und sie hatte fast Todesangst. Die Königin war so entzückt, dass sie einige Tage später, ohne dass ich etwas davon wusste, Madame Gye, die Frau des Verwalters von Covent Garden, die berühmte Sängerin Albani, nach Windsor berief, um sie um eine Aufführung von *Etienne Marcel* in ihrem eigenen Theater zu bitten . Der Wunsch der Königin wurde nicht erfüllt.

Siebzehn Jahre später kehrte ich in Begleitung von Johann Wolf, der viele Jahre lang Königin Victorias ausgewählter Geiger war, nach Windsor zurück. Wir speisten im Palast, und obwohl wir nicht die Ehre genossen, an der königlichen Tafel zu sitzen, befanden wir uns dennoch in guter Gesellschaft mit den jungen Prinzessinnen, Töchtern des Herzogs von Connaught. Wir wurden in einem Hotel untergebracht, denn die Ehre, im Schloss zu übernachten, war sehr wichtigen Persönlichkeiten vorbehalten – eine Ehre, um die man nicht beneiden muss, denn die Schlafgemächer sind in Wirklichkeit Dienstbotenzimmer. Aber die Etikette bestimmt es.

Das Abendessen war vorüber, und Prinzen in voller Uniform und Prinzessinnen in aufwendigen Abendkleidern standen herum und warteten auf das Erscheinen Ihrer Majestät. Ich war zutiefst betrübt, als ich sie hereinkommen sah, denn sie wurde fast von ihrem indischen Diener getragen und konnte offensichtlich nicht allein gehen. Aber sobald sie an einem kleinen Tisch saß, war sie wieder genau wie zuvor, mit ihrem wunderbaren Charme, ihrem schlichten Wesen und ihrer musikalischen Stimme. Nur ihr weißes Haar zeugte von den vergangenen Jahren. Sie fragte mich nach *Henri VIII* , das zum zweiten Mal in Covent Garden aufgeführt wurde, und ich erklärte ihr, dass ich in meinem Wunsch, dem Stück das Lokalkolorit seiner Zeit zu verleihen, in der königlichen Bibliothek im Buckingham Palace herumgestöbert hatte, zu der mir mein Freund, der Bibliothekar, Zugang gewährt hatte. Und ich erzählte auch, wie ich in einer großen Sammlung von Manuskripten aus dem 16. Jahrhundert ein exquisites, für das Cembalo arrangiertes Thema gefunden hatte, das als Rahmen für die Oper diente – ich verwendete es später für den Marsch, den ich zur Krönung von König Edward schrieb. Die Königin interessierte sich sehr für Musik im Allgemeinen und schien an dieser Diskussion besonders erfreut zu sein. Seine Hoheit, der Herzog von Connaught, schrieb mir, dass sie mehrmals darüber gesprochen habe.

Besonders bemerkenswert ist die Musikbibliothek im Buckingham Palace, und es ist schade, dass der Zugang zu ihr nicht einfacher ist. Unter anderem sind es die Manuskripte von Händels Oratorien, die zumeist in beunruhigender Geschwindigkeit geschrieben wurden. Sein *Messias* wurde in fünfzehn Tagen komponiert! Die rudimentäre Instrumentierung der damaligen Zeit ermöglichte eine solche Geschwindigkeit, doch wer könnte heute all diese Fugenchöre mit solcher Geschwindigkeit schreiben? Der Fugenstil, der uns mühsam vorkommt, war damals üblich und wurde darin geübt. Die Bibliothek enthält auch Werke von Händels Zeitgenossen, die mit der gleichen Meisterschaft ausgeführt sind. Wir können nicht sagen, ob sie mit der gleichen Geschwindigkeit geschrieben wurden wie die von Händel, aber es ist leicht zu erkennen, dass die allgemeine Fähigkeit dazu vorhanden war, so wie es heute eine Frage der allgemeinen Errungenschaft ist, komplizierte Orchestereffekte zu erzeugen, deren Möglichkeit Die alten Meister hatten keine Vorstellung. Was Händel seinen Konkurrenten überlegen machte, war die romantische und malerische Seite seiner Werke; wahrscheinlich auch seine erstaunliche und unveränderliche Fruchtbarkeit.

Das letzte Wort über Königin Victoria ist gesprochen, doch der besondere Charme, der von ihrer Persönlichkeit ausging, kann nicht hoch genug gelobt werden. Sie schien die Personifizierung Englands zu sein. Als sie starb, schien eine große Lücke zurückgeblieben zu sein. Alle großartigen Eigenschaften von König Edward waren nötig, um ihren Platz einzunehmen, verbunden mit der Wirkung der Überraschung der Welt, einen großen König zu entdecken, wo sie nur einen brillanten Prinzen erwartet hatte, der ein Liebhaber von Pomp und Vergnügen gewesen war.

Später wurde ich in den Buckingham Palace aufgenommen, um mit dem Geiger Josef Hollman vor Königin Alexandra zu spielen. Wir waren beide begierig auf diese Gelegenheit, von der uns gesagt wurde, dass sie unmöglich sei. Die Königin war sehr beschäftigt und trauerte außerdem um den aufeinanderfolgenden Tod ihres Vaters und ihrer Mutter, des Königs und der Königin von Dänemark. Plötzlich erfuhren wir jedoch, dass sie uns empfangen würde. Sie war blass und wirkte geschwächt, aber sie empfing uns mit größter Herzlichkeit. Sie erzählte mir von ihrer Mutter, die ich in Kopenhagen mit ihren Schwestern, der Kaiserinwitwe von Russland, und der Prinzessin von Hannover gesehen hatte, die durch die Politik einer Krone beraubt wurde, die ihr rechtmäßig gehörte. Ich habe eine sehr angenehme Erinnerung an diesen Besuch. Ich weiß nicht, wie es passiert ist, aber dieser Hinweis der Königin hat mich sprachlos gemacht. Sie brachte das Thema ein zweites Mal zur Sprache und meine Schüchternheit hinderte mich immer noch daran, darauf zu antworten. Ich hätte jemandem, der so offensichtlich gespannt zuhörte, viel zu sagen haben. Diese Königin von Dänemark war mit ihren achtzig Jahren die entzückendste alte Dame, die man sich vorstellen kann. Aufrecht, schlank, wach im Geiste und unerschütterlich in der Sprache, erinnerte sie mich lebhaft an meine Großtante mütterlicherseits, diese außergewöhnliche Frau, die mir meine ersten Vorstellungen von Dingen vermittelte und meine Hand so gut auf die Tasten führte.

Eine Sängerin, die ich nie gesehen oder von der ich gehört hatte, über die ich aber nur schlechtes Zeug gehört hatte, hatte Königin Louise geschrieben, dass ich sie an den Hof begleiten wollte. Die Königin fragte mich, ob ich sie kenne und ob das, was sie geschrieben hatte, wahr sei. Meine Überraschung war so groß, dass ich ein Zusammenzucken nicht unterdrücken konnte, dem ein Ausruf der Ablehnung folgte, der sie offenbar sehr amüsierte. „Ich habe nicht daran gezweifelt", sagte sie, „aber ich bereue es nicht, um sicher zu sein."

Königin Alexandra wurde von Lady Gray begleitet, ihrer großen Freundin und Erbprinzessin von Griechenland. Nachdem M. Hollman und ich ein Duett gespielt hatten, äußerte sie den Wunsch, mich allein spielen zu hören. Als ich versuchte, den Deckel des Klaviers anzuheben, trat sie vor, um mir zu helfen, ihn anzuheben, bevor die Hofdamen eingreifen konnten. Nach diesem kleinen Konzert überreichte sie jedem von uns in ihrem eigenen Namen und in dem des abwesenden Königs eine Goldmedaille zur

Erinnerung an künstlerische Verdienste und bot uns eine Tasse Tee an, die sie mit ihren königlichen und kaiserlichen Händen einschenkte.

Auch andere Königinnen haben mich empfangen – Königin Christine von Spanien und Königin Amelie von Portugal. Nachdem Königin Christine mich auf dem Klavier spielen hörte, äußerte sie den Wunsch, mich auf der Orgel spielen zu hören, und sie wählten dafür ein ausgezeichnetes Instrument, das von Cavaillé-Coll in einer Kirche hergestellt wurde, deren Namen ich vergessen habe. Der Tag wurde für diese Zeremonie festgelegt, die natürlich privaten Charakter gehabt hätte, an der einige große Damen der indiskreten Königin Vorwürfe machten, weil sie es gewagt hatte, einen heiligen Ort zu einem anderen Zweck als der Teilnahme an Gottesdiensten aufzusuchen. Die Königin war über diese Proteste unzufrieden und reagierte, indem sie nicht nur nicht inkognito, sondern auch in großem Staat in die Kirche kam, mit dem König (er war noch sehr jung), den Ministern und dem Hofstaat, während in Abständen aufgestellte Reiter ihre Trompeten bliesen. Ich hatte eigens für dieses Ereignis einen religiösen Marsch geschrieben, und die Königin nahm die Widmung für sie freundlicherweise entgegen. Ich war ein wenig nervös, als sie mich bat, die allzu bekannte Melodie aus *„Samson et Dalila"* zu spielen, die *„Mon coeur s'ouvre à ta voix"* beginnt . Ich musste eine für die Orgel geeignete Transposition improvisieren, wovon ich nie geträumt hätte . Während der Aufführung stützte die Königin ihren Ellbogen auf die Klaviatur der Orgel, ihr Kinn ruhte auf einer Hand und ihre Augen waren nach oben gerichtet. Sie schien in Ekstase versunken zu sein, was der Autorin, wie man sich vorstellen kann, nicht gerade missfiel.

Die Presse druckte damals reizende Artikel über die Szene, die jedoch keinen Anspruch auf Genauigkeit erhoben. Ich hatte damit in keiner Weise etwas zu tun.

Ihre Majestät Königin Amelie von Portugal erwies mir einmal eine besondere Ehre. Sie empfing mich allein, ohne eine ihrer Ehrendamen, was es ihr erlaubte, auf alle Etikette zu verzichten und mich auf einem Stuhl neben sich Platz nehmen zu lassen. Auf diese vertrauliche Weise unterhielt sie mich eine Dreiviertelstunde lang und stellte mir Fragen zu allen möglichen Themen. Ich hatte Gelegenheit, ihr zu erzählen, wie General Yusuf mir Jahre zuvor das orientalische Thema des Balletts in *Samson* gegeben hatte, und ihr viele Einzelheiten über diese interessante Persönlichkeit zu erzählen, von der sie ihre Onkel hatte sprechen hören.

„Ich werde dich verlassen", sagte sie schließlich, „aber nicht, weil ich es will. Wenn man den *Beruf* einer Königin gewissenhaft ausübt, findet man ihn nicht immer amüsant."

Was hätte diese unglückliche Frau gesagt, wenn sie das Unglück vorhergesehen hätte, das ihr widerfahren sollte?

In Rom hatte ich die Ehre, zu einem Musical bei Königin Margharita eingeladen zu werden. Die großen Salons waren voller großer Damen, die mit Familienjuwelen von sagenhaftem Wert beladen waren. Die ganze Musik war furchtbar ernst. Nun, diese Art von Musik fördert nicht gerade die persönliche Bekanntschaft, besonders da all diese großen Leute Opfer einer Langeweile waren, die sie nach Kräften zu verbergen taten. Danach wollten die beiden Königinnen mit mir sprechen. Königin Hélène, die Geigerin ist, erzählte mir, dass ihre Kinder Geige und Cello lernten, eine Regelung, die ich sehr lobte, denn die ausschließliche Hingabe an das Klavier in letzter Zeit bedeutete den Tod der Kammermusik und beinahe der Musik selbst.

In meiner Galerie der Herrscher kann ich die gnädige Königin von Belgien nicht vergessen. Ich habe sie jedoch immer in Gesellschaft ihres erhabenen Mannes gesehen, und diese Geschichte würde endlos werden, wenn ich „Ihre Majestäten" des strengeren Geschlechts mit einbeziehen würde – den Kaiser von Deutschland, die Könige von Schweden, Dänemark, Spanien, Portugal ....

Da ich mehr mit Fürsten als mit Herrschern zu tun hatte, verrutscht mir manchmal die Zunge, wenn ich mit letzteren spreche. Als ich mich eines Tages dafür entschuldigte, dass ich die Königin von Belgien mit „Hoheit" angesprochen hatte, antwortete sie lächelnd: „Entschuldigen Sie sich nicht; das erinnert an schöne Zeiten."

Sie erzählte mir von der Zeit, als sie und der König, damals die einzigen Thronfolger, in einem kleinen zweisitzigen Wagen die Mittelmeerküste auf und ab fuhren. In dieser Zeit hatte ich die Ehre, sie im Palast seiner Durchlaucht des Fürsten von Monaco zu treffen und mit ihnen ein reizendes und interessantes persönliches Gespräch zu führen, denn der König ist ein Gelehrter und die Königin eine Künstlerin.

KAPITEL XXIII

MUSIKALISCHE MALER

Ingres war berühmt für seine Geige. Eine einzige Wand trennte die Wohnung, in der ich während meiner Kindheit und Jugend lebte, von der Wohnung, in der der Maler Granger, einer von Ingres' Schülern, mit seiner Frau und seiner Tochter lebte. Granger malte die *Anbetung der Weisen* in der Kirche Notre Dame de Lorette. Ich habe mit der vergoldeten Papierkrone gespielt, die sein Modell trug, als es sich als einer der drei Könige ausgab. Meine Mutter und Mlle. Granger (die spätere Madame Paul Meurice) liebte beide die Malerei und wurde gute Freunde. Sie kopierten gemeinsam Paul Delaroches *Enfants d'Edouard* im Louvre, ein Gemälde, das damals der letzte Schrei war. Die Gemälde meiner Mutter sind in einem bewundernswerten Erhaltungszustand im Museum in Dieppe zu sehen.

Als ich fünf Jahre alt war, lernte ich Ingres durch die Familie Granger kennen. Die Entfernung von der Rue du Jardinet, wo wir lebten, zum Quai Voltaire war nicht weit, und wir zogen oft wie eine Prozession – die Grangers, meine Großtante Masson, meine Mutter und ich – um Ingres und seine Frau zu besuchen. eine herrlich einfache Frau, die jeder liebte.

Ingres sprach oft mit mir über Mozart, Gluck und all die anderen großen Meister der Musik. Als ich sechs Jahre alt war, komponierte ich ein Adagio, das ich ihm allen Ernstes widmete. Glücklicherweise ist dieses Meisterwerk verloren gegangen. Da ich bereits einige Sonaten Mozarts gespielt hatte, und das für meine Jahre recht gut, schenkte mir Ingres als Gegenleistung für mein Engagement ein kleines Medaillon mit dem Porträt des Autors von Don Juan auf der einen Seite und dieser Inschrift auf der anderen : „An M. Saint-Saëns, den charmanten Interpreten des göttlichen Künstlers.“

Er hat aus Versehen vergessen, dieser Widmung ein Datum hinzuzufügen, was das Interesse des Gemäldes noch gesteigert hätte, denn die Idee, einen sechsjährigen Knaben mit der Bezeichnung „M. Saint-Saëns“ zu belegen, war gewiss ungewöhnlich.

Ingres, der für seine Geige berühmte Maler

Zusätzlich zu den Besuchen, die ich ihm abstattete, traf ich den großen Maler, als ich älter war, oft im Haus von Frederic Reiset, einem seiner glühendsten Verehrer. In diesem Haushalt wurde viel Musik gemacht, und wir hörten dort oft Delsarte, den Sänger ohne Stimme, den Ingres sehr bewunderte. Delsarte und Henri Reber waren in der Tat seine musikalischen Mentoren, und trotz seines Anspruchs, ein großer Kenner zu sein, war er in Wirklichkeit ihr Echo. Er heuchelte zum Beispiel die tiefste Verachtung für alle moderne Musik und hörte sie sich nicht einmal an. In dieser Hinsicht spiegelte er Reber wider. Reber pflegte ruhig mit seiner fernen, nasalen Stimme zu sagen: „Man muss jemanden nachahmen, also ist es das Beste, die Alten nachzuahmen, denn sie sind die Besten.“ Er unternahm jedoch den Versuch, das Gegenteil zu beweisen, indem er einige besonders individuelle Musikstücke schrieb, als er dachte, er würde Haydn und Mozart nachahmen. Einige seiner Werke erinnern in ihrer Perfektion der Linienführung, ihrer Liebe zum Detail, ihrer Reinheit und ihrer Mäßigung an die Zeichnungen von Ingres, die so viel auf so einfache Weise ausdrücken. Und auch Ingres konnte, obwohl er versuchte, Raffael zu imitieren, nur er selbst sein. Reber wäre eines Vergleichs mit dem Maler würdig gewesen, wenn er die Kraft und Produktivität besessen hätte, die ein Genie auszeichnen.

Und was ist mit Ingres' Geige? Nun, ich habe diese berühmte Geige zum ersten Mal im Montaubon-Museum gesehen. Ingres hat nie mit mir darüber gesprochen. Er soll sie in seiner Jugend gespielt haben, aber ich konnte ihn nie dazu überreden, auch nur die kleinste Sonate mit mir zu spielen. „Früher habe ich die zweite Geige in einem Quartett gespielt", antwortete er auf meine Bitten, „aber das ist alles."

Ich glaube also, ich muss träumen, wenn ich von Zeit zu Zeit lese, dass Ingres Komplimente für sein Geigenspiel mehr zu schätzen wusste als für seine Malerei. Das ist nur eine Legende, aber es ist unmöglich, eine Legende zu zerstören. Wie der gute La Fontaine sagte:

„Der Mensch ist gegenüber der Wahrheit wie Eis;

Für die Unwahrheit ist er wie Feuer."

Ich weiß nicht, ob Ingres in seiner Jugend Talent für die Geige zeigte oder nicht. Aber ich kann mit Sicherheit sagen, dass er als Erwachsener keinerlei Talent mehr für die Geige zeigte.

Gustave Doré galt auch als berühmter Violinist und seine Ansprüche auf Anerkennung waren keineswegs unerheblich. Er hatte ein wertvolles Instrument erworben, auf dem er Berlioz' *Konzerte* mit wirklich außergewöhnlicher Leichtigkeit und Begeisterung spielte. Diese oberflächlichen Werke genügten seinen musikalischen Fähigkeiten. Das Überraschende an seiner Ausführung war, dass er nie daran arbeitete. Wenn er etwas nicht sofort hinbekam, gab er es für immer auf.

Er war ein häufiger Gast in Rossinis Salon und gehörte zu der Fraktion, die die Melodie unterstützte und „gelehrte wissenschaftliche Musik" ablehnte. Sein Temperament und meines scheinen kaum kompatibel zu sein, aber Freundschaft hat wie Liebe ihre unerklärlichen Geheimnisse, und allmählich wurden wir die besten Freunde. Wir wohnten im selben Viertel und besuchten uns häufig. Da wir fast nie einer Meinung über irgendetwas waren, hatten wir endlose Diskussionen, völlig frei von Groll, die wir sehr genossen.

Schließlich wurde ich der Vertraute seiner geheimen Sorgen und seines innersten Kummers. Er war mit einem wunderbaren visuellen Gedächtnis ausgestattet, machte jedoch den Fehler, niemals Modelle zu verwenden, da diese seiner Meinung nach für einen Künstler, der sein *Metier verstand, nutzlos waren* . So verurteilte er sich selbst zu einer ständigen Annäherung, die für Illustrationen, die nur Leben und Charakter verlangten, ausreichend war, aber für große Leinwände mit halb- oder lebensgroßen Figuren fatal war. Dies war die Ursache seiner Enttäuschungen und Misserfolge, die er auf Böswilligkeit und Feindseligkeit zurückführte, die es tatsächlich gab, die jedoch diese Gelegenheit nutzte, um den Maler für den übertriebenen Erfolg des Designers bezahlen zu lassen, der von Anfang an von der Presse überschwänglich gelobt worden war. Er machte sich durch den Missbrauch seiner eigenen Fähigkeiten der Kritik schutzlos aus. Ich habe ihn in seinem riesigen Atelier gleichzeitig auf dreißig Leinwänden malen sehen. Drei ernsthaft studierte Bilder wären mehr wert gewesen.

Im Herzen war dieser große, groß gewachsene, fröhliche Junge melancholisch und sensibel. Er starb jung an einer Herzkrankheit, die durch die Trauer über den Tod seiner Mutter, von der er nie getrennt war, noch verschlimmert wurde.

Ich widmete Doré ein kleines Stück für die Violine. Dieses ist zwar nicht verloren gegangen wie das für Ingres, aber es wäre völlig unbekannt, wenn Johannes Wolf, der Geiger der Königinnen und Kaiserinnen, mir nicht die Ehre erwiesen hätte, es in sein Repertoire aufzunehmen und es mit seinem großen Talent zu unterstützen.

Hébert war der ernsthafteste Maler-Geiger. Bis zu seinem Lebensende spielte er mit großer Freude die Sonaten von Mozart und Beethoven, und allen Berichten zufolge spielte er sie hervorragend. Ich kann das nur vom Hörensagen sagen, denn ich habe ihn nie gehört. Die wenigen Male, die ich ihn in meiner Jugend zu Hause sah, traf ich ihn mit seinem Pinsel in der Hand. Ich sah ihn danach nur noch in der Académie, wo wir nebeneinander saßen und er mich immer freundlich begrüßte. Von Zeit zu Zeit unterhielten wir uns über Musik, und er unterhielt sich wie ein Kenner.

Henri Regnault war der musikalischste aller Maler, die ich kannte. Er brauchte keine Geige – er war seine eigene. Die Natur hatte ihn mit einer exquisiten Tenorstimme ausgestattet. Es war verführerisch in seinem Timbre und unwiderstehlich in seiner Anziehungskraft, genau wie er selbst. Er war kein „Beinahe-Musiker". Er liebte Musik leidenschaftlich und war nicht bereit, als Amateur zu singen. Am Konservatorium nahm er Unterricht bei Romain Bussine. Er sang die schwierigen Arien von Mozarts *Don Juan perfekt*. Gerne deklamierte er auch das prachtvolle Wallfahrtsrezitativ im dritten Akt von *Tannhäuser*.

Da wir befreundet waren und die gleichen Dinge mochten, war die Sympathie, die uns zusammenbrachte, ganz natürlich. Zu Beginn des Krieges im Jahr 1870 schrieb ich *Les Melodies Persanes* und Regnault war ihr erster Interpret. *Sabre en main* ist ihm gewidmet. Sein größter Erfolg war jedoch *Le Cimitière*. Wer hätte gedacht, als er sang:

> „Heute die Rosen,
>
> Morgen die Zypresse!"

dass die Prophezeiung so bald in Erfüllung gehen würde?

Einige Schwachköpfe haben geschrieben, dass der Verlust Regnaults nicht zu bedauern sei; dass er alles gesagt habe, was er zu sagen hatte. In

Wirklichkeit hatte er nur den Prolog des großen Gedichts vorgetragen, das er in seinem Kopf ausarbeitete. Er hatte bereits Leinwände für große Kompositionen bestellt, die ohne Zweifel zu den Glanzstücken der französischen Kunst gehört hätten.

Während der Belagerung sah ich ihn zum letzten Mal. Er war gerade auf dem Weg zum Exerzieren, das Gewehr in der Hand. Eines der vier Aquarelle, die sein letztes Werk waren, stand unvollendet auf seiner Staffelei. Unten war ein unförmiger Fleck. In der freien Hand hielt er ein Taschentuch. Dieses befeuchtete er von Zeit zu Zeit mit Speichel und klopfte immer wieder auf den Fleck auf dem Bild. Zu meinem großen Erstaunen, fast zu meinem Schrecken, sah ich den Kopf eines Löwen, grob skizziert und vollendet.

Ein paar Tage später kam Buzenval!

Als die Frage der Veröffentlichung der Briefe Henri Regnaults aufkam, wurden darin einige Sätze gefunden, die sich auf mich bezogen und mich über meine Rivalen stellten. Der Herausgeber des Briefes nahm Kontakt mit mir auf, las mir die Sätze vor und teilte mir mit, dass sie unterlassen würden, da sie den anderen Musikern missfallen könnten.

Ich wusste, wer die anderen Musiker waren und wessen Marionette der Herausgeber war. Es wäre, so scheint es mir, möglich gewesen, ohne irgendjemanden zu verletzen, das übertriebene Lob einzuschließen, das, da es von einem Maler kam, kein Gewicht hatte und nichts anderes bewiesen hätte als die große Freundschaft, die es inspirierte. Ich habe immer bedauert, dass die Öffentlichkeit nicht von den Gefühlen erfuhr, mit denen der große Künstler, den ich so sehr liebte, mich ehrte.

DAS ENDE